예제 중심의

파이썬

예제 중심의

Python3
파이썬

쉽고 재미있는 프로그래밍 언어

최 용 | 지음

INFINITY
BOOKS

예제 중심의 Python을 처음 출간한 지 2년이 흘렀습니다. 그동안 Python 언어는 계속 발전하여 3.3 버전에 이르렀고, 3.4 버전의 개발도 이루어지고 있습니다. 국내에서도 Python에 대한 관심이 꾸준히 높아져서, 관련 도서의 출간이 이어지고 세미나에도 많은 분들이 참석하는 모습을 볼 수 있습니다. 특히 Python 기반의 웹 프레임워크인 Django를 이용하여 서비스를 구축하는 사례도 늘었습니다.

실제 업무에 활용할 수 있는 도구와 라이브러리를 통해 Python을 익히고자 하는 이 책의 목표를 이루기 위해서, 변화된 환경에 걸맞는 새로운 내용을 갖춘 2판을 계획하게 되었습니다. 주요한 변경 사항은 다음과 같습니다.

- 초판에서 Python 2를 기준으로 쓰여진 설명과 예제를 Python 3의 환경에 맞도록 수정하였습니다.
- Django 웹 프레임워크(버전 1.6), Requests 모듈 등을 새롭게 소개하였습니다.
- Oracle WebLogic Server의 관리를 자동화하는 데에 사용할 수 있는 WLST(WebLogic Scripting Tool)에 대하여 소개하였습니다.
- 부록에서 파이썬 통합 개발 환경 PyCharm 3 Community Edition에 대하여 소개하였습니다.
- 초판에서 소개하였던 모듈 및 소프트웨어 중에서 유지 보수가 잘 되지 않거나 잘 쓰이지 않는 것들은 삭제하였습니다.

매우 실용적인 언어인 Python은, 이제 여러분의 곁에 성큼 다가섰습니다. 이 책을 통해 Python을 어떻게 활용할 것인가에 대한 힌트를 얻으시길 바랍니다.

개정판 원고의 검토를 맡아 주신 석우징, 강두루 님 고맙습니다. Python 및 Django 관련 커뮤니티에서 도움을 주신 여러분, 그리고 좋은 책을 만들기 위해 늘 애쓰시는 인피니티북스 여러분께 감사의 말씀을 드립니다.

2014년 1월

최용

석우징 _재미있는 건 다 좋아하는 Python 개발자

파이썬은 사용하기 쉽고 직관적인 특성 덕분에 90년대 후반부터 주목 받기 시작하여 2000년대에는 구글을 비롯하여 많은 기업들에 쓰이면서 업계에도 널리 퍼지게 되었습니다.

현재는 세계적으로 업계와 학계 가리지 않고 많은 분야에서 사랑받고 있는 언어로 성장하게 되었습니다.

하지만 아쉽게도 국내에서는 이러한 장점과 인기가 무색하도록 큰 관심을 받지 못하고 있는 실정입니다. 그래서인지 관련 서적도 정말 손에 꼽을 정도로 적게 나오는데 그 중에 "예제 중심의 파이썬 3"은 관련 전문가가 아니라도 쉽게 접근할 수 있는 예제로 파이썬으로 접근하기 쉽게 길을 만들어 주는 책입니다.

평소 관심은 있으나 시도해 볼 적절한 동기나 기회가 안 되었던 분들에게 재미있는 시간을 만들어 줄 수 있는 책이므로 부담없이 책장에서 꺼내 마치 새로운 악기를 하나 배우듯이 하나하나 따라 가면, 어느 새인가 컴퓨터와 대화하고 있는 자신을 발견하실 수 있으리라 기대합니다.

강두루 _.NET, JAVA 프로그래머이자, 호기심 많은 생활 코더

쉽고 재미있는 Python 책이 출간되어서 기쁩니다.

이 책은 프로그래밍의 기본 개념에서부터 재미있고 실용적인 예제와 Web framework인 Django까지 다루고 있어, Python 활용의 숲을 볼 수 있는 책입니다.

상세하고 쉬운 설명들과 다양하고 재미있는 예제들로 구성되어 있어 재미있는 프로그래밍 책을 찾는 분들과 프로그래밍 입문자들에게 추천드립니다.

책에 나온 설명을 따라 프로그래밍하다 보면 재미와 함께 Python이 머릿속에 들어올 것입니다.

이수겸 _독립개발자

이 책은 파이썬에 대한 일종의 여행 안내서 같은 책입니다.

우리는 자신이 알지 못하는 곳으로 여행을 갈 때 여행 안내서를 읽곤 합니다. 여행에 익숙한 사람이든 익숙하지 않은 사람이든, 여행 안내서를 읽어 보면 여행지에 대략 어떤 것들이 있는지, 그 곳에서 즐길 만한 것이 무엇이 있는지, 어디서 머무르면 되는지, 이런 것들을 알 수 있죠. 또한 여행 안내서라는 것은 본디 여행지의 역사나 유래, 사회 구조 등에 대해서 깊게 다루지는 않습니다. 여행자가 원하는 것은 여행지에서 재미있게 여행을 하는 것이지, 그 외의 것에 대해서 자세히 알고 싶은 게 아니기 때문입니다.

책의 각 부분은 파이썬의 기초, 시큘리, 안드로이드 환경에서의 파이썬 스크립팅, 파이썬을 사용한 문자열 다루기, 다양한 파이썬 패키지(한글라이즈, 이미지 라이브러리, 순서도 처리 패키지, 패스워드 관리 패키지, 구글 차트 등)의 소개와 다루는 법, 자이썬(Jython) 등을 다루고 있습니다. 각 챕터는 주제마다 잘 분리되어 있어서 생각날 때 한 챕터씩 꺼내 읽기에도 좋습니다.

책의 목차를 살펴보면 아시겠지만, 기존의 프로그래밍 언어 입문서에 익숙한 독자에게는 책의 내용이 설핏 이상하게 느껴질 수도 있을 겁니다. 이 책은 파이썬이라는 언어 전체를 다루는 대신에, 독자가 파이썬이라는 언어에서 만날 수 있는 여러 재미있는 요소들을 접해 볼 수 있도록 하는 데에 그 중점을 두고 있습니다. 다루는 내용에 비해 책이 그리 두껍지 않은 것도, 그러한 목적을 위해 페이지를 특정 주제에 많이 할애하지 않기 때문입니다.

파이썬을 접해 보지 않았거나 아직 파이썬 매니아가 아닌 개발자에게 파이썬의 매력을 한껏 느끼게 해 줄 수 있는 좋은 책입니다. 추천합니다.

김용욱_GDG Korea Android 공동운영자, LazyBee CTO

해외의 많은 기업들이 자사의 서비스와 제품을 백엔드와 프론트엔드로 나누어 가고 있습니다. 예를 들면 트위터의 경우 프론트엔드를 루비를 쓰고, 백엔드를 스칼라로 사용합니다. 성능이 중요한 파트를 처리 능력이 높은 환경으로 구성하고, 뷰와 변동성이 높은 로직을 스크립트 언어로 구성하는 것입니다. 이런 조합을 통해 전체적인 성능과 개발 효율이라는 두 마리의 토끼를 잡아 가고 있습니다.

반면에 한국에서는 대부분의 서비스가 C/C++/Java를 사용하는 모델을 여전히 사용하고 있습니다. 해당 기술들은 장기간 숙성된 안정화된 기술이지만 변화의 속도가 빨라지는 현대적인 개발에 적합한지는 의문이 듭니다. 자사의 서비스와 동일한 제품을 단시간 내에 경쟁업체가 만들어 낸다면 자사의 서비스는 경쟁력을 잃어버리게 될 것입니다.

한국에서 스크립트 언어를 변동성이 높은 분야에서 사용하지 않느냐를 생각할 때 교육이 비판에서 자유롭지는 못합니다. 아마도 학교, 커뮤니티, 회사에서 스크립트 언어를 교육 받거나 연수 받은 경험이 드물 겁니다. 서점에 가서 책을 찾아도 스크립트 언어에 관련한 서적은 찾기 어렵습니다. 파이썬에 관한 책 역시 카테고리가 꽤 부족한 실정입니다.

스크립트 언어 교육이 전반적으로 잘 되어 있지 않던 시점에 최용 님의 새로운 서적이 작업된다는 이야기를 들었을 때(대부분 파이썬 프로그래머들과 사이가 나쁜 펄 프로그래머 중의 한 사람임에도 불구하고) 저는 정말 많은 기대를 많이 했습니다. 이 책은 기대만큼 저를 만족시켜 주었습니다. 스마트폰, 소셜게임, QR코드 등과 파이썬 코드가 얽히는 새롭고 재미난 시도들이 이 책에 담겨 있습니다. 이제 책이 없어서 스크립드 언어를 쓰지 못하겠다는 말은 더 이상 못할 것입니다.

이 새로운 서적을 빨리 만나 보고 싶습니다. 빨리 출간되었으면 좋겠네요.

재미있는 프로그래밍!

쉽고도 강력한 프로그래밍 언어 파이썬(Python)!

이 책에서는 파이썬으로 할 수 있는 쉽고 재미있는 예제들을 살펴보려고 합니다.

- 게임을 자동으로 플레이하기(2장 시쿨리)
- 안드로이드 폰으로 사진 찍어 트윗하기(3장 안드로이드 스크립팅)
- 여러 대의 서버에 차례로 접속하여 패스워드 일괄 변경하기(5장 파이썬 꾸러미 활용)

생각만 해도 재미있겠죠?

어려울 것 같다구요? 전혀 어렵지 않습니다. 파이썬에 대해 아무것도 몰라도, 프로그래밍을 전혀 해 보지 않았더라도 쉽게 따라하실 수 있도록 차근차근 설명해 드립니다.

이 책은 반드시 차례대로 읽을 필요 없이, 관심 있는 주제만 골라서 찾아서 먼저 보시면 됩니다.

부디 이 책이 여러분의 즐거운 파이썬 여행의 길라잡이가 되었으면 좋겠습니다!

최용

최용

주식회사 에이엠앤씨 소프트웨어 컨설턴트 / 차장

프라모델, 과학상자, 전자오락실, 라디오 공작을 좋아했던 초등학교 시절에 BASIC 이라는 컴퓨터 프로그래밍 언어를 접할 기회가 있었습니다. 한국방송통신대학교에서 컴퓨터과학을 공부한 후에 은행 전산실을 거쳐, 지금은 데이터센터를 위한 여러 가지 자동화 시스템을 구축 및 유지 보수하는 일을 하고 있습니다.

링크드인 프로필

http://www.linkedin.com/in/sk8erchoi

저서 및 역서

〈왕초보를 위한 파이썬 2.7〉 http://wikidocs.net/book/2

〈자이썬(Jython) 완벽 안내서〉 http://jythonbook-ko.readthedocs.org/en/latest/

〈왕초보를 위한 Python 파이썬 (Ver 2.2)〉

각 장에 실린 내용은 실습을 위해 필요한 운영 체제이나 파이썬 버전에 조금씩 차이가 있습니다. 여러 가지 환경에서 사용 가능한 경우에는, 이 책에서 기준으로 삼은 환경에 밑줄을 그어서 표시했습니다.

1. 파이썬 맛보기

- **기본 환경**
  실습 환경: <u>윈도우</u>, 맥, 리눅스, 유닉스.
  버전: <u>Python 3.3</u>

- **웹 브라우저**
  버전: Python 2.7, Python 3.2

2. 시쿨리

실습 환경: <u>윈도우</u>, 맥, 리눅스. JRE 1.6 이상
버전: Sikuli X

3. 안드로이드 스크립팅

실습 환경: 안드로이드 폰
버전: Python 2.6

4. 파이썬

실습 환경: 윈도우, 맥, 리눅스, 유닉스.
버전: Python 2.7 / <u>Python 3.3</u>

5. 파이썬 꾸러미 활용

실습 환경: 윈도우, 맥, 리눅스, 유닉스.
버전: Python 2.7, <u>Python 3.3</u>

6. 자이썬

실습 환경: 윈도우, 맥, 리눅스.
버전: Jython 2.5

- 이 책에 사용된 예제는 대부분 파이썬 3.3 버전을 기준으로 작성하였습니다.

  단, 시쿨리, 안드로이드 스크립팅, 자이썬 등 파이썬 2를 기반으로 하고 있는 경우에는 각각의 환경에 맞추어 작성하였습니다.

- 파이썬 코드나 각종 명령어를 대화식으로 실행할 때, 사용자가 입력하는 부분은 굵은 글씨로 표시합니다.

  C:\Users\Yong Choi>**python**

  Python 3.3.2 (v3.3.2:d047928ae3f6, May 16 2013, 00:06:53) [MSC v.1600 64 bit (AMD64)] on win32

  Type "help", "copyright", "credits" or "license" for more information.

  >>> **print('Hello')**

  Hello

- 이해를 돕기 위해, 몇몇 용어를 다른 단어로 대체하거나 혼용, 또는 비유적으로 사용하였습니다. 혼란을 막기 위해 원문도 병기하였습니다.

  function: 함수, 기능
  list: 리스트, 목록
  method: 메서드, 방법
  module: 모듈, 뭉치
  package: 패키지, 꾸러미

예제 코드 다운로드

https://github.com/sk8erchoi/infinitybooks

python™

보다 쉽고 재미있고 완성도 높은 책을 만들기 위해 도와 주신 여러분께 감사드립니다(가나다 순).

김용욱

http://dalinaum-kr.tumblr.com

GDG Korea Android 공동운영자, Lazybee CTO

김훈

드럼 연주자

김희성

데이터 복구 및 검색 엔진 최적화 전문가

박응용

위키독스(http://wikidocs.net/) 운영자, 점프 투 파이썬 저자

서상현

http://twitter.com/sanxiyn

다방면에 박식한 아마추어, PyPy, FePy, IronMonkey 개발자

양광모

코리아헬스로그(http://www.koreahealthlog.com) 편집장, 전문의

윤슬빈

주식회사 에이엠앤씨 Java 프로그래머

최한라

전, 일본 노무라종합연구소 그룹 NRI 넷컴 IT엔지니어, 비지니스 플래너

이 책이 나올 수 있도록 이끌어 주시고 북돋아 주신 인피니티북스 관계자분들께 감사의 말씀을 드리고 싶습니다. 좋은 책을 만들고, 알리고, 전하기 위해 보이지 않는 곳에서 애쓰시는 여러분과, 이 모든 일이 가능할 수 있도록 인피니티북스를 이끌어 가시는 채희만 대표님께 감사드립니다.

원고를 검토해 주신 김용욱, 박응용, 서상현, 양광모 님, 희성 형, 친구 훈이와 지원 씨, 동생 한라, 슬빈 씨 모두에게 감사드립니다. 특히 김용욱 님께서는 다른 언어에 경험이 있는 프로그래머의 입장에서 기술적인 내용을 꼼꼼히 검토해 주시고, 글로 풀어 쓴 설명에 대해서는 동생이 많은 의견을 내 주어서 완성도를 높이는 데 큰 도움이 되었습니다.

온라인 문서를 손쉽게 관리할 수 있는 서비스인 위키독스를 제공해 주시는 박응용 님께 감사의 말씀을 드립니다. 온라인 강좌에 대한 피드백을 얻어서 원고에 반영하기도 하고, 사이트 관리에 들어가는 시간을 절약한 만큼 책을 집필하는 데에 집중할 수 있었습니다.

소중한 작품을 예제로 사용할 수 있도록 허락해 준 연미 씨 고마워요.

언제나 저를 믿고 일을 맡겨 주시며 개인적인 고민까지 함께 하는 주식회사 에이엠앤씨의 임직원과 고객 여러분, 그리고 부족한 저를 한없이 사랑해 주는 저의 가족에게 감사의 말씀을 전합니다.

pythonlab 홈페이지와 위키독스, 페이스북, 트위터를 통해 파이썬에 대한 관심을 나누고 계신 여러분, 고맙습니다!

목차

Chapter 1 파이썬 맛보기 · 1

Chapter **4** 파이썬 · 109

Chapter 6 자이썬(Jython) ··· 237

Chapter 7 파이썬, 그냥 재미로 ··· 259

1 파이썬 맛보기

우리는 말이 통하지 않는 외국 사람과도 간단한 의사소통을 할 수 있습니다. 손짓 발짓과 표정으로도 이야기할 수 있고, 그림을 그려서 보여주거나, 계산기에 숫자를 써서 보여주기도 합니다. 그런 방법만으로도 길을 알려 주거나, 물건을 사고팔 수 있지요. 하지만 외국어를 배워 두면 훨씬 효과적으로 의사소통할 수 있고, 그 언어권의 문화를 이해하는 데에도 도움이 됩니다.

파이썬(Python)은 컴퓨터와 대화할 수 있는 여러 가지 언어 중 하나입니다. 지금까지 창이 그려진 화면(GUI) 위에서 마우스 클릭만으로 컴퓨터를 사용해 왔던 분이라면, 파이썬 언어를 배워서 키보드를 두드리다 보면 색다른 재미를 느끼실 수 있을 것입니다.

다른 컴퓨터 프로그래밍 언어를 사용한 경험이 있는 분이라면, 파이썬의 깔끔한 스타일과 편리함, 그리고 톡톡 튀는 아이디어로부터 다른 언어에서 느끼지 못했던 또 다른 묘미를 느끼실 수 있을 테구요.

첫 장에서는 파이썬에 대하여 알아보고, 파이썬을 컴퓨터에 설치한 후에 간단한 예제를 따라해 보도록 하겠습니다.

파이썬 소개

1.1 파이썬의 특징

파이썬은 컴퓨터 프로그래밍 언어의 한 종류입니다.

1989년 네덜란드의 귀도 반 로섬(Guido van Rossum)이 처음 만들었고, 많은 사람들의 공헌에 힘입어 계속 발전하고 있습니다. 현재 파이썬 소프트웨어 재단(PSF)에서 관리하고 있습니다.

파이썬은,

- **고수준의 언어입니다.**
  저수준의 언어는 세부 사항의 구현에 신경을 많이 쓰게 되는 데 비해, 고수준의 언어는 문제를 넓은 시야로 바라보고 전반적인 이해를 통해 문제 해결에 집중할 수 있습니다.

- **이해하기 쉽습니다.**
  파이썬의 문법은 직관적이고 이해하기 쉬우므로, 더 빨리 배워서 개발을 시작할 수 있습니다.

- **생산성이 높습니다.**
  소프트웨어 개발과 유지 보수에 들어가는 노력을 절감할 수 있으므로 그만큼 이득을 얻을 수 있습니다.

- **널리 사용됩니다.**
  소프트웨어 제품이든 프로그래밍 언어이든, 어떤 기술을 채택할지 결정하는 데 있어서, 많은 사용자가 있고 개발이 활발히 이루어지는지의 여부가 중요합니다. 개발자 입장에서도, 한정된 시간 안에 어떤 기술에 시간을 투자할 것인지를 정하기 위해서는 얼마나 많은 수요가 있는가 하는 점을 생각하지 않을 수 없습니다.

- **재미있습니다.**
  주관적인 부분이기는 하지만, 실제로 많은 개발자가 파이썬을 즐기고 사랑합니다.

파이썬 공식 홈페이지(http://python.org/)를 방문하시면 자세한 정보를 얻을 수 있습니다.

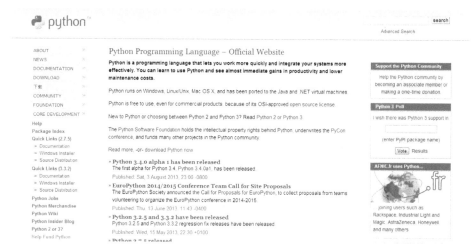

그림 1-1 ● 파이썬 공식 홈페이지 http://python.org

1.2 파이썬이 쓰이는 곳

파이썬의 인기는 꾸준히 높아져서 근래에는 많은 곳에서 사용되고 있습니다. TIOBE Software에서 발표한 자료에 따르면, Python은 2013년 11월 현재 프로그래밍 언어 사용 순위에서 8위를 차지하고 있습니다.[1]

---

1 http://www.tiobe.com/index.php/content/paperinfo/tpci/index.html

TIOBE Programming Community Index for November 2013

November Headline: Programming languages of Microsoft are gaining popularity

It is interesting to see that 3 out of 4 languages in the top 20 that are gaining popularity are languages defined by Microsoft. These are C#, SQL Server language Transact-SQL and Visual Basic.NET. It might be a coincidence but this happened in the same month in which Windows Mobile gained market share in comparison to the Android and iOS mobile phone operating systems. The other language that is doing well is JavaScript. That might come as no surprise. JavaScript is the lingua franca of websites nowadays.

The TIOBE Programming Community index is an indicator of the popularity of programming languages. The index is updated once a month. The ratings are based on the number of skilled engineers world-wide, courses and third party vendors. The popular search engines Google, Bing, Yahoo!, Wikipedia, Amazon, YouTube and Baidu are used to calculate the ratings. Observe that the TIOBE index is not about the *best* programming language or the language in which *most lines of code* have been written.

The index can be used to check whether your programming skills are still up to date or to make a strategic decision about what programming language should be adopted when starting to build a new software system. The definition of the TIOBE index can be found here.

Position Nov 2013	Position Nov 2012	Delta in Position	Programming Language	Ratings Nov 2013	Delta Nov 2012	Status
1	1	=	C	18.155%	-1.07%	A
2	2	=	Java	16.521%	-0.93%	A
3	3	=	Objective-C	9.406%	-0.98%	A
4	4	=	C++	8.369%	-1.33%	A
5	6	↑	C#	6.024%	+0.43%	A
6	5	↓	PHP	5.379%	-0.35%	A
7	7	=	(Visual) Basic	4.396%	-0.64%	A
8	8	=	Python	3.110%	-0.95%	A
9	23	↑↑↑↑↑↑↑↑↑↑↑	Transact-SQL	2.521%	+2.05%	A
10	11	↑	JavaScript	2.050%	+0.77%	A
11	15	↑↑↑↑	Visual Basic .NET	1.969%	+1.20%	A
12	9	↓↓↓	Perl	1.521%	-0.66%	A
13	10	↓↓↓	Ruby	1.303%	-0.44%	A
14	14	=	Pascal	0.715%	-0.17%	A
15	13	↓↓	Lisp	0.706%	-0.25%	A
16	19	↑↑↑	MATLAB	0.656%	+0.04%	B
17	12	↓↓↓↓↓	Delphi/Object Pascal	0.649%	-0.35%	A-
18	17	↓	PL/SQL	0.605%	-0.03%	A-
19	24	↑↑↑↑↑	COBOL	0.585%	+0.11%	B
20	20	=	Assembly	0.532%	-0.05%	B

그림 1-2 ● TIOBE 소프트웨어의 프로그래밍 언어 순위

파이썬은 여러 곳에서 여러 가지 목적으로 사용하고 있습니다.

- 개인적인 용도의 아주 짧은 몇 줄짜리 스크립트에서부터, 유튜브와 같은 대규모 서비스의 서버 측 프로그램 구축에 이르기까지 사용합니다.

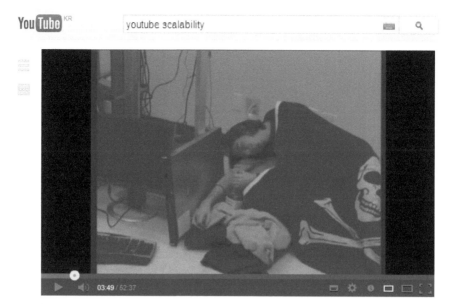

Seattle Conference on Scalability: YouTube Scalability

GoogleTalksArchive · 동영상 511개

구독 5,630

5,018

👍 50 👎 1

👍 좋아요 👎 다운로드 ▼   정보 공유 추가

게시 시간: 2012. 08. 22.
Google Tech Talks
June 23, 2007

그림 1-3 ● 유튜브 시스템 규모 변경성 구현 사례 발표

- 안드로이드 폰(SL4A)에서부터 개인용 컴퓨터, 서버와 클라우드 컴퓨팅(구글 앱 엔진)에 이르
기까지 여러 환경에서 사용하고 있습니다.

- 과학 기술 연구 목적에서부터 IT 인프라 운영, 애플리케이션 개발에까지 두루 사용합니다.

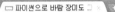

□ 파이썬으로 바람 장미도 □   +

← → C ⓘ blog.naver.com/qkrdytjq2/70083048544

파이썬으로 바람 장미도 그리기 공부 중

http://blog.naver.com/qkrdytjq2/70083048544

첨부파일 (1) +

풍향/풍속 혹은 조류나 해류의 방향과 속도의 빈도를 나타내기 위한 그래프가 WindRose Diagram 일명 바람장미도.

기존에는 매트랩으로 그렸는데, 이제는 파이썬으로 다 됩니다. 랜덤 데이타 만들어서, 다양한 그래픽 표현으로 속도와 방향 분포를 그려보 았습니다. 이를 위해 http://youarealegend.blogspot.com/2008/09/windrose.html 의 소스를 참조했는데, 저는 PythonXY로 구현하다보니, 안 맞는게 있어서 제가 아주 조금 수정했습니다. 바람장미도 그리는데는 윗 분이 작성한 모듈이 필요합니다. 그 모듈은 첨부할게요.

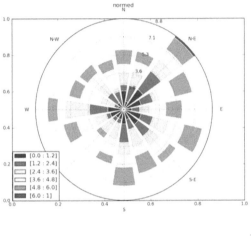

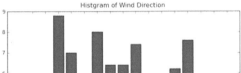

그림 1-4 ● 파이썬으로 바람 장미도(풍향,풍속의 빈도 그래프) 그리기

http://blog.naver.com/qkrdytjq2/70083048544

• 배우기 쉽고 간결한 문법 덕분에 컴퓨터 프로그래밍을 교육하는 데에도 좋습니다.

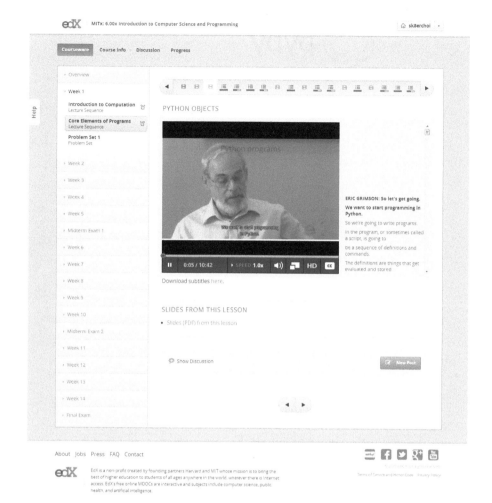

그림 1-5 ● 무료 온라인 대학 교육 사이트 edX(http://edx.org)의 컴퓨터 과학 개론 및 프로그래밍 수업

- 웹 프레임워크 장고(Django), 소프트웨어 프로젝트 관리 겸 버그 추적 도구인 트랙(Trac),
  P2P 파일 전송 프로그램인 BitTorrent, 버전 관리 시스템 바자(Bazaar)와 같은 여러 오픈
  소스 소프트웨어가 파이썬을 사용하여 개발되었습니다.

- 파이썬 인터프리터를, 파이썬 언어를 이용하여 만들기도 합니다. 파이썬 언어의 문법을 따라 작
  성한 프로그램을 실제로 수행할 수 있는 기반은 원래 C 언어로 구현하였지만, Java 언어로 구
  현한 자이썬(Jython)도 있고, 아예 파이썬 언어로 구현해 버린 PyPy도 있습니다.

그림 1-6 • PyPy 홈페이지 http://pypy.org/

파이썬 홈페이지에서 파이썬의 성공 사례들을 더 살펴보실 수 있습니다.

http://python.org/about/success/

1.3   파이썬 라이선스

파이썬은 파이썬 소프트웨어 재단(PSF)에서 비배타적이고, 로열티가 없이, 전세계의 개인 및 단체가 재생산, 분석, 테스트, 공연, 파생되는 작업의 준비, 배포를 할 수 있도록 허락하였습니다. 파이썬에 대한 허락은 있는 그대로에 대한 것으로, 재단은 상품성이라든지 특정 목적에 부합한지에 대해서 어떠한 묘사나 보증도 하지 않습니다. 재단에서는 파이썬의 사용으로 인하여 발생하는 어떠한 문제에 대해서도 책임을 지지 않습니다.

라이선스 원문

http://docs.python.org/3.3/license.html

파이썬 내려받기와 설치

2.1 파이썬 내려받기

파이썬 설치 프로그램은 파이썬 다운로드 페이지에서 무료로 내려받으실 수 있습니다.

http://python.org/download/

2013년 11월 현재, 파이썬은 크게 파이썬 2와 파이썬 3의 두 가지 버전으로 나뉘며, 파이썬 2.7.6과 파이썬 3.3.3 버전이 각각에 해당하는 최신 버전입니다.

리눅스 운영 체제를 사용하신다면 파이썬이 이미 설치되어 있을 수도 있습니다. 프롬프트에서 python3이라고 입력해 봅니다. Python 3.2 이상의 버전이 설치되어 있으면 굳이 더 높은 버전을 설치하지 않아도 대부분의 예제를 따라하실 수 있습니다.

다운로드 페이지에서 파이썬 3의 설치 프로그램을 내려받습니다. PC에서 윈도우 운영 체제를 사용한다면 Python 3.3.3 Windows x86 MSI Installer를 선택하거나, 64비트 운영 체제인 경우 Python 3.3.3 Windows X86-64 MSI Installer를 선택하면 됩니다.

Download Python

The current production versions are Python 2.7.6 and Python 3.3.3.

Start with one of these versions for learning Python or if you want the most stability, they're both considered stable production releases.

If you don't know which version to use, try Python 3.3. Some existing third-party software is not yet compatible with Python 3: if you need to use such software, you can download Python 2.7.x instead.

For the MD5 checksums and OpenPGP signatures, look at the detailed Python 3.3.3 page.

- Python 3.3.3 Windows x86 MSI Installer (Windows binary -- does not include source)
- Python 3.3.3 Windows X86-64 MSI Installer (Windows AMD64 / Intel 64 / X86-64 binary [1] -- does not include source)
- Python 3.3.3 Mac OS X 64-bit/32-bit x86-64/i386 Installer (for Mac OS X 10.6 and later [2])
- Python 3.3.3 Mac OS X 32-bit i386/PPC Installer (for Mac OS X 10.5 and later [2])
- Python 3.3.3 compressed source tarball (for Linux, Unix or Mac OS X)
- Python 3.3.3 xzipped source tarball (for Linux, Unix or Mac OS X, better compression)

For the MD5 checksums and OpenPGP signatures, look at the detailed Python 2.7.6 page.

- Python 2.7.6 Windows Installer (Windows binary -- does not include source)
- Python 2.7.6 Windows X86-64 Installer (Windows AMD64 / Intel 64 / X86-64 binary [1] -- does not include source)
- Python 2.7.6 Mac OS X 64-bit/32-bit x86-64/i386 Installer (for Mac OS X 10.6 and later [2])
- Python 2.7.6 Mac OS X 32-bit i386/PPC Installer (for Mac OS X 10.3 and later [2])
- Python 2.7.6 compressed source tarball (for Linux, Unix or Mac OS X)
- Python 2.7.6 xzipped source tarball (for Linux, Unix or Mac OS X, better compression)

A comprehensive list of the latest release of all major versions is available if you need source code for an older version of

그림 1-7 ● Python 다운로드 페이지

파일을 다운받을 때 '실행' 또는 '저장'을 선택하는 창이 뜨면 저장을 선택하고 다운받을 경로를 지정해 줍니다.

운영 체제 등의 환경에 차이가 있거나, 다른 버전의 파이썬을 사용할 경우에는 파이썬 다운로드 페이지에서 적당한 것을 찾아서 설치하면 됩니다.

2.2 파이썬 설치

내려받은 파이썬 설치 프로그램을 실행해 보겠습니다. 윈도우 7 환경에서 3.3.2 버전을 기준으로 설명합니다.

실행 버튼을 눌러서 설치를 시작합니다.

그림 1-8 ● 파이썬 설치 시작

설치 과정에 있어서 창이 몇 번 떠서 선택 사항을 물어보게 되는데, 특별히 변경하지 않고 계속 진행하셔도 됩니다. 어떤 것을 선택할 수 있는지 궁금하신 분을 위해 단계별로 설명하겠습니다.

그림 1-9 ● 파이썬 사용자 선택

[그림 1-9]는 파이썬을 누가 사용할 것인지 선택하는 화면입니다. 기본값으로 지정되어 있는 Install for all users를 선택하면 컴퓨터의 다른 사용자들도 파이썬을 사용할 수 있게 됩니다.

Install just for me를 선택하면 다른 사용자에게 영향을 주지 않고 본인만 사용할 수 있습니다.

그림 1-10 ● 파이썬 설치 경로 지정

[그림 1-10]은 파이썬이 설치될 경로를 지정하는 화면입니다.

파이썬 2.7의 기본 설치 경로는 C:\Python27\이고, 파이썬 3.3은 C:\Python33\에 설치됩니다. 여러 버전의 파이썬을 설치하고 필요에 따라 골라서 쓰는 경우도 있기 때문에 버전에 따라 다른 위치에 설치하도록 되어 있습니다.

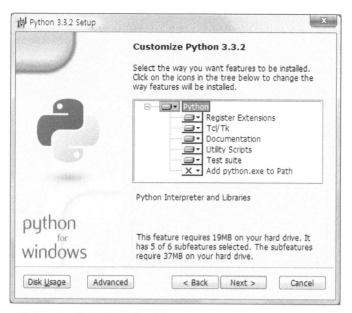

그림 1-11 ● 파이썬 설치 기능 선택

어떤 기능을 설치할 것인지 선택하는 창도 뜨는데, 모두 설치하도록 선택되어 있으니 바로 Next 단추를 눌러서 진행하시면 됩니다.

· **Register Extensions**

확장자가 .py인 파일을 더블 클릭하면 지금 설치하려는 파이썬 번역기가 실행되도록 운영 체제에 등록합니다. 여러 버전의 파이썬을 설치할 경우에는 용도에 맞게 설정하시면 됩니다.

예를 들어, 파이썬 2.7 버전을 이미 설치해서 사용하고 있지만 추가로 3.3 버전을 설치해서 가끔 테스트해 보려고 한다면, 3.3 버전을 설치할 때에 이 값을 해제하시면 계속 2.7 버전이 기본으로 실행되도록 할 수 있습니다.

· **Tcl/Tk**

Tkinter, IDLE, pydoc 등의 GUI(그래픽 사용자 인터페이스)입니다.

· **Documentation**

파이썬 도움말 파일입니다.

· **Utility Scripts**

파이썬 유틸리티 스크립트들이 설치 위치의 Tools 디렉터리에 만들어집니다.

· **Test suite**

파이썬 테스트 스위트가 설치 위치의 Lib 디렉터리 내의 test 디렉터리에 만들어집니다.

그림 1-12 ● 파이썬 설치 진행

파이썬 설치가 진행 중인 화면입니다.

그림 1-13 ● 파이썬 설치 완료

파이썬 설치가 완료되었습니다! [그림 1-13]의 Finish 버튼을 누르면 창이 닫힙니다.

2.3 환경 설정

이번에는 파이썬이 설치된 경로를 윈도우 운영 체제의 환경 변수에 설정하는 방법을 알아보겠습니다. 명령 프롬프트에서 파이썬을 편리하게 실행시키기 위한 것이므로, 번거로우시면 건너뛰어도 됩니다.

다음과 같이 환경 변수 설정 창을 열어 주세요.

시작 버튼을 누르고 '컴퓨터'를 오른쪽 클릭하여 팝업 메뉴에서 '속성'을 선택하면 제어판의 시스템 창이 열립니다. 여기서 '고급 시스템 설정'을 누르고, 사용자 계정 컨트롤 팝업 창에서 '계속'을 누르면 시스템 속성이라는 창이 뜹니다. '고급' 탭에서 '환경 변수' 버튼를 눌러 봅시다.

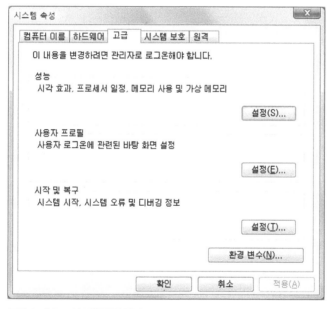

그림 1-14 • 시스템 등록 정보

[그림 1-15]와 같은 환경 변수 창이 보일 것입니다.

그림 1-15 ● 환경 변수 설정 창

환경 변수 창의 아래쪽 시스템 변수 중에서 Path를 찾아서 '편집' 단추를 눌러 주세요.

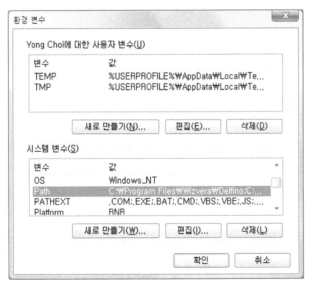

그림 1-16 ● Path 환경 변수 편집

Path 변수에 대한 값을 수정합니다. 아래쪽 '변수 값' 입력상자의 가장 오른쪽으로
이동한 다음, 원래 들어 있던 값에 세미콜론(;)과 C:\Python33\을 덧붙입니다. 나중

을 위해 ;C:\Python33\Scripts\도 함께 붙여 주면 좋습니다.

파이썬이 실제로 설치된 위치는 각자 환경에 따라 다를 수 있으니, 탐색기를 열어서 다시 한 번 확인한 후에 변수 값을 입력하시는 것이 좋습니다.

그림 1-17 ● Path 환경 변수 편집

확인을 눌러서 닫고, 환경 변수 창도 확인을 눌러서 닫습니다.

여러 가지 파이썬 쉘

파이썬 쉘이라고도 하는 파이썬 대화식 번역기(interpreter)에서는 사용자가 파이썬과 대화하듯이 한 문장씩 입력하면서 바로바로 결과를 확인해 볼 수 있습니다. 파이썬을 설치하면 기본적으로 사용할 수 있는 번역기를 먼저 살펴본 다음, 좀 더 편리하고 다양한 기능을 제공하는 쉘을 따로 설치하는 방법도 알아보겠습니다. 그 외에, 본격적인 개발 환경을 갖추지 않고도 손쉽게 사용할 수 있는 다른 쉘에 대해서도 소개합니다.

3.1 파이썬 기본 쉘

3.1.1 Window에서 Python 실행

설치를 완료하셨으면 파이썬 번역기를 실행시켜 보겠습니다. 윈도우 운영 체제를 사용하는 경우, 시작 메뉴 → 모든 프로그램 → Python 3.3 → Python(command line)을 선택하는 것이 일반적인 방법입니다.

그림 1-18 ● 시작 메뉴에서 파이썬 실행

단축키 〈윈도우 키〉 + 〈r〉을 누르고 실행 창을 열어서 프로그램명을 입력하는 방법을 좋아하신다면, 실행 창에서 python이라고 입력하시면 됩니다.

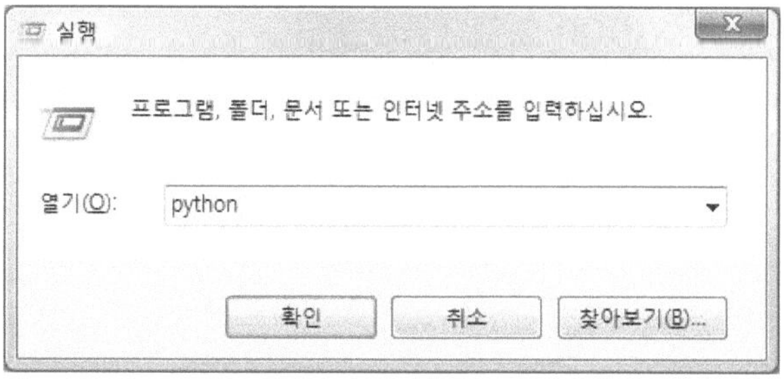

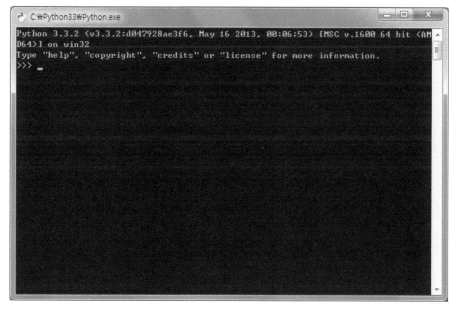

그림 1-19 ● 실행 창에서 파이썬 실행

또 다른 방법으로는 명령 프롬프트 창을 띄워 놓고, 파이썬이 설치된 폴더(C:\
Python33\)로 이동해서 python이라고 입력하실 수도 있습니다.

```
> cd \Python33
> python
```

만약, 앞서 설명드린 Path 환경 변수의 설정이 되어 있다면 굳이 파이썬이 설치된 경
로로 이동하지 않더라도 python을 바로 실행할 수 있습니다.

어떤 방법을 쓰든, 그림과 같은 파이썬 기본 쉘을 보실 수 있습니다.

그림 1-20 ● 윈도우즈 시스템에서 파이썬 실행

3.1.2 Ubuntu에서 Python 실행

윈도우가 아닌 시스템에서도 별반 다르지 않습니다. 그림은 우분투 리눅스 13.04 시스템에서 파이썬을 실행한 화면입니다. Python 2.7.4와 Python 3.3.1 버전이 설치된 것을 볼 수 있습니다.

```
yongchoi@ubuntu: ~
yongchoi@ubuntu:~$ python
Python 2.7.4 (default, Apr 19 2013, 18:32:33)
[GCC 4.7.3] on linux2
Type "help", "copyright", "credits" or "license" for more information.
>>> exit()
yongchoi@ubuntu:~$
yongchoi@ubuntu:~$
yongchoi@ubuntu:~$ python3
Python 3.3.1 (default, Apr 17 2013, 22:32:14)
[GCC 4.7.3] on linux
Type "help", "copyright", "credits" or "license" for more information.
>>>
```

그림 1-21 ● 리눅스 시스템에서 파이썬 실행

파이썬 쉘에서 빠져나오려면, exit()라고 타이핑하고 〈Enter〉 키를 누릅니다.

단축키로는, 윈도우 운영 체제인 경우 〈Ctrl〉 + 〈Z〉 키를 누른 다음, 〈Enter〉 키를 누르시면 됩니다. 리눅스에서는 〈Ctrl〉 + 〈D〉 키를 눌러서 종료하시면 됩니다. 〈Ctrl〉 + 〈Z〉를 눌렀을 때는 프로세스가 일시정지되며, fg 명령으로 돌아갈 수 있습니다.

네? 창을 열었다가 그냥 닫으려니 섭섭하시다구요?

print('Hello, world!')라고 입력하고 〈Enter〉 키를 눌러 보세요. 'Hello, world!'라는 문자열을 화면에 출력하라는 의미입니다.[2]

```
>>> print('Hello, world!')
Hello, world!
```

---

2 언어를 새로 배울 때 Hello, world!를 출력해 보는 것은 프로그래밍 세계의 관례입니다.
http://ko.wikipedia.org/wiki/Hello_world_프로그램

유튜브에서 DUO ADEPT를 검색해 보세요. 고등학생이 직접 설계하고 제작한 8비트 컴퓨터로 HELLO WORLD를 출력하는 모습을 볼 수 있습니다. 제가 여태껏 보았던 수많은 헬로 월드 중에 가장 감동적인 장면이었습니다.

앞으로 이 책에서는 파이썬 쉘에서 실습하는 코드는 위와 같은 형식으로 표시할 것입니다. 꺾쇠 세 개(>>>)는 파이썬의 프롬프트이니 직접 입력하지 마시고, 그 옆의 굵은 글씨로 표시한 부분을 따라해 보시면 됩니다.

3.2 IDLE(통합 개발 환경)

파이썬 설치 시 Tcl/Tk까지 설치하도록 되어 있는 기본값을 특별히 변경하지 않으셨다면, IDLE도 사용하실 수 있습니다. 시작 메뉴 → Python 3.3 → IDLE (Python GUI)를 선택하여 실행할 수 있습니다.

그림 1-22 • IDLE

구문이 색상으로 표시되고, 들여쓰기가 필요한 곳에서는 자동으로 되기 때문에 편리합니다. 파이썬 스크립트를 편집하고 실행시키는 기능도 갖추고 있습니다.

IDLE의 대화식 번역기를 끝마치려면 〈Ctrl〉 + 〈D〉를 누르시면 됩니다.

3.3 크롬 브라우저 파이썬 쉘

구글 크롬 브라우저를 사용하고 계시다면, 크롬 웹 스토어에서 'Python'을 검색해 보시기 바랍니다. 구글 크롬 브라우저 위에서 작동하는 파이썬 쉘이 몇 가지 있습니다.

https://chrome.google.com/webstore/search/Python

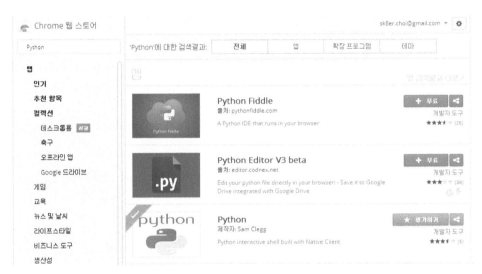

그림 1-23 ● 크롬 웹 스토어에서 Python 검색 결과

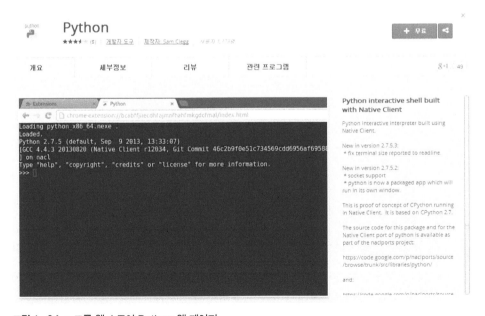

그림 1-24 ● 크롬 웹 스토어 Python 앱 페이지

'+ 무료' 버튼을 누르고 팝업에서 '추가' 버튼을 누르면 설치가 됩니다.

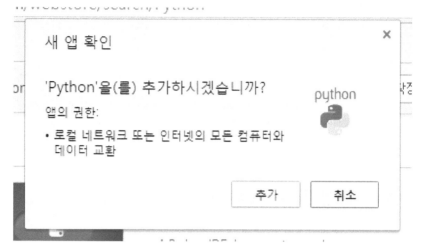

그림 1-25 ● 구글 크롬 브라우저 Python 앱 추가 확인

그림 1-26 ● 구글 크롬 Python 앱 추가 결과

2013년 11월 현재, 구글 크롬의 Python 앱은 Python 2.7 버전을 구현하고 있습니다.

```
Loading NaCl module.
Loaded python_x86_64.nexe [6205 KiB]
Extracting: /mnt/http/pydata_x86_64.tar ...
Python 2.7.5 (default, Nov 12 2013, 19:33:47)
[GCC 4.4.3 20131016 (Native Client r12267, Git Commit 46c2b9f0e51c734569cdd6956af695881
814e7ed)] on nacl
Type "help", "copyright", "credits" or "license" for more information.
>>> print('Hello nacl')
Hello nacl
>>>
```

그림 1-27 ● 구글 크롬 Python 앱

3.4   Ideone으로 온라인 코딩

Ideone은 온라인에서 손쉽게 프로그램 코드를 작성하고 실행해 볼 수 있게 해 주는
서비스입니다. 아래 주소로 방문해 보세요.[3]

http://ideone.com/

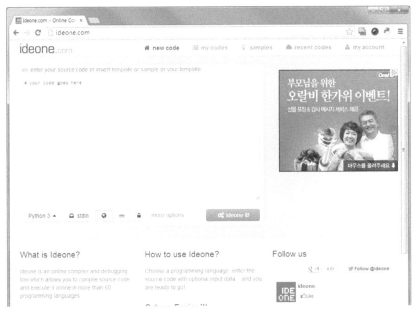

그림 1-28 ● Ideone

3 예제 중심의 Python 초판에서 소개한 codepad.org는 Python 3을 지원하지 않아, 2판에서는 Python 3을 지원하는
ideone을 소개하였습니다.

사용법은 아주 간단합니다. 왼쪽 아래의 언어 선택 버튼을 클릭하여 Python 3을 선택한 다음, 가운데의 편집창에 코드를 입력하고 아래의 Ideone it! 버튼을 누르면 됩니다.

2013년 9월 4일의 자료를 바탕으로 프로야구 승률을 계산하는 스크립트를 작성해 보았습니다.[4]

예제 1-1   baseball.py

```
01  #!/usr/bin/env python3
02
03  teamstandings = [('LG', 63, 44, 0),
04      ('삼성', 61, 44, 2),
05      ('두산', 60, 46, 2),
06      ('넥센', 58, 48, 2),
07      ('롯데', 53, 50, 3),
08      ('SK', 51, 50, 2),
09      ('KIA', 46, 55, 2),
10      ('NC', 45, 59, 4),
11      ('한화', 31, 72, 1),]
12
13  for ts in teamstandings:
14      team, win, lost, draw = ts
15      games = win 1 lost 1 draw
16      winrate = float(win) / (win 1 lost)
17      format = '%s 팀은 총 %d 경기 중 %d 승으로 승률은 %.3f입니다.'
18      print(format % (team, games, win, winrate))
```

이 스크립트를 ideone에서 실행하면 다음과 같이 결과를 확인할 수 있습니다.

---

4 한국야구위원회 http://www.koreabaseball.com/

```
edit    fork    download                                          copy
  1.   #!/usr/bin/env python3
  2.
  3.   teamstandings = [('LG', 63, 44, 0),
  4.       ('삼성', 61, 44, 2),
  5.       ('두산', 60, 46, 2),
  6.       ('넥센', 58, 48, 2),
  7.       ('롯데', 53, 50, 3),
  8.       ('SK', 51, 50, 2),
  9.       ('KIA', 46, 55, 2),
 10.       ('NC', 45, 59, 4),
 11.       ('한화', 31, 72, 1) ]
 12.
 13.   for ts in teamstandings:
 14.       team, win, lost, draw = ts
 15.       games = win + lost + draw
 16.       winrate = float(win) / (win + lost)
 17.       format = '%s 팀은 총 %d 경기 중 %d 승으로 승률은 %.3f입니다.'
 18.       print(format % (team, games, win, winrate))
 19.
```

Success   comments (0)

stdin   copy
Standard input is empty

stdout   copy

```
LG 팀은 총 107 경기 중 63 승으로 승률은 0.589입니다.
삼성 팀은 총 107 경기 중 61 승으로 승률은 0.581입니다.
두산 팀은 총 108 경기 중 60 승으로 승률은 0.566입니다.
넥센 팀은 총 108 경기 중 58 승으로 승률은 0.547입니다.
롯데 팀은 총 106 경기 중 53 승으로 승률은 0.515입니다.
SK 팀은 총 103 경기 중 51 승으로 승률은 0.505입니다.
KIA 팀은 총 103 경기 중 46 승으로 승률은 0.455입니다.
NC 팀은 총 108 경기 중 45 승으로 승률은 0.433입니다.
한화 팀은 총 104 경기 중 31 승으로 승률은 0.301입니다.
```

그림 1-29 ● Ideone에서 파이썬 코드 실행 결과

코드에 대해서는 http://ideone.com/wW4DNb와 같이 URL이 생성되므로 SNS를
통해 쉽게 공유할 수 있습니다.

파이썬 외에 C, PHP, 펄 등 다른 언어도 사용할 수 있고, 일반 텍스트도 사용할 수 있
으므로 여러 가지로 활용할 수 있을 것입니다.

파이썬 기초

4.1 숫자 계산

자, 이제 파이썬을 슬슬 시작해 볼까요? 파이썬 셸을 시작해 주시기 바랍니다.

준비되셨으면 덧셈부터 시작합니다.

아래쪽의 좁은 칸에 1 + 2를 쓰시고 키보드의 〈Enter〉 키를 누르시면 위쪽의 넓은 칸에 그 결과가 표시됩니다.

```
>>> 1 + 2
3
```

뺄셈도 해 보겠습니다.

```
>>> 50 - 4
46
```

그럼 이번엔 좀 더 어려운 숫자를 이용해서 곱셈을 시켜 보겠습니다.

```
>>> 12345678 * 3
37037034
```

곱하기도 성공! 알고 계시겠지만 컴퓨터에서는 별표(*)가 곱하기를 뜻합니다.

나누기는 어떨까요? 그렇습니다. 슬래쉬(/)가 나누기 기호입니다.[5]

```
>>> 5000 / 3
1666.6666666666667
```

---

5 Python 2에서는 정수끼리의 연산 결과는 정수로 돌려주기 때문에 5000 / 3의 결과는 1666이 됩니다.

123의 세제곱(123 * 123 * 123)은?

```
>>> 123 ** 3
1860867
```

위와 같이 별표 두 개(**)를 써서 거듭제곱 계산을 할 수 있습니다.

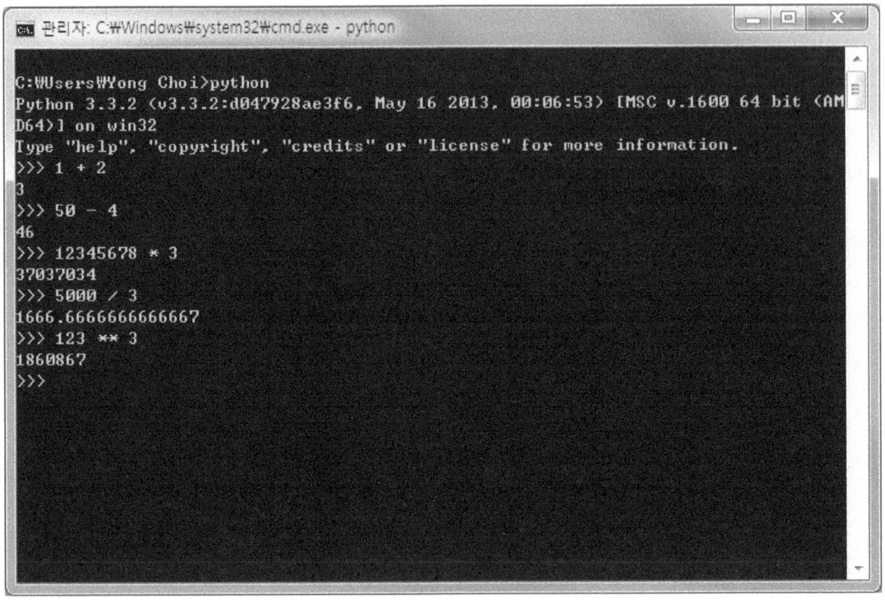

그림 1-30 ● 파이썬 쉘에서 숫자 계산

4.2   달력 보기

평창 동계 올림픽이 열리는 2018년 2월의 달력을 파이썬으로 확인해 보겠습니다.[6]

우선 달력(calendar) 모듈을 가져오신 다음에,

```
>>> import calendar
```

보고 싶은 달(month)을 출력(print)하시면 됩니다.

```
>>> calendar.prmonth(2018, 2)
```

6 http://ko.wikipedia.org/wiki/2018년_동계_올림픽

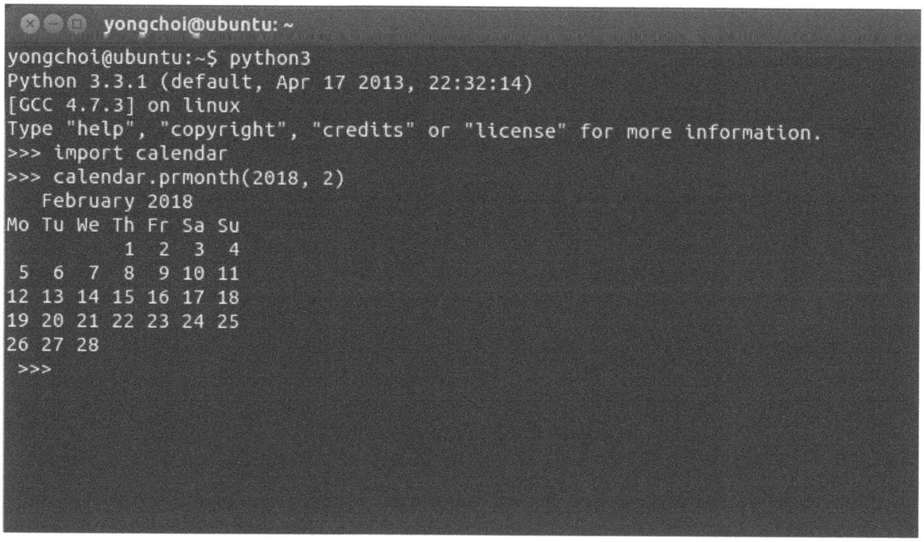

그림 1-31 ● 파이썬 쉘에서 달력 보기

4.3   문자열

문자열이란, 말 그대로 여러 개의 문자가 줄지어 있는 것을 가리킵니다. 문자열은 한 글자일 수도 있고, 한 단어일 수도, 또는 한 문단이 될 수도 있습니다. 문자열의 시작과 끝은 따옴표나 작은따옴표를 써서 표시합니다.

컴퓨터를 쓰다 보면 문자열을 찾거나 바꾸기도 하고, 여러 개의 문자열을 이어 붙이거나, 반대로 하나의 문자열을 여러 개로 쪼갤 필요가 있을 때도 생깁니다. 컴퓨터 프로그래밍 언어에서는 이런 문자열 조작을 위해 여러 가지 편리한 기능들을 제공합니다.

그럼 파이썬에서 문자열을 조작하는 방법을 몇 가지 살펴보겠습니다.

먼저, 두 개의 문자열을 이어 붙이기입니다.

```
>>> 'super' + 'market'
'supermarket'
```

같은 문자열을 반복할 때에는 곱하기를 쓰면 편리합니다.

```
>>> 'show ' * 3
'show show show '
```

특정 문자열을 치환(replace)할 수도 있고,

```
>>> '11,200,000'.replace(',', '')
'11200000'
```

자릿수를 기준으로 문자열을 자를(slice) 수도 있습니다. 문자열의 자리 번호는 첫 글자가 0번에서 시작해서 오른쪽으로 가면서 1씩 증가합니다.

```
>>> 'follower'[0:6]    # 앞쪽 여섯 글자(0번부터 5번까지, 6번 글자의 앞까지)
'follow'
>>> 'follower'[:6]     # 앞의 0은 생략 가능
'follow'
>>> 'snowwhite'[4:]    # 4번부터 끝까지
'white'
>>> 'espresso'[2:7]    # 2번부터 6번까지(7번 글자의 앞까지)
'press'
>>> 'chocolate'[-4:]   # 뒤에서 네 번째부터 끝까지
'late'
```

단어의 첫 글자는 대문자로, 나머지 글자는 소문자로 표시해 주는 방법도 있습니다.

```
>>> 'python'.title()
'Python'
>>> 'PYTHON'.title()
'Python'
```

문자열이 몇 글자로 이루어졌는지 알고 싶을 땐 길이(length)를 재어 보시면 됩니다.

```
>>> len('Happy Python!')
13
```

공백과 느낌표를 포함해서 열세 글자였네요.

문장에서 특정 문자열이 몇 번 나오는지도 쉽게 셀(count) 수 있습니다.[7]

```
>>> ans = "We're here because you are looking for the best of the best
of the best, sir!"
>>> ans.count('best')
3
```

---

7 영화 '맨 인 블랙(1997년)'에 나온 대사입니다. http://www.imdb.com/title/tt0119654/quotes

Python 2.7 버전의 쉘을 실행한 경우에는, 한글 문자열의 길이를 잘 세지 못합니다.

```
>>> len('안녕')
4
```

다음과 같이 문자열을 유니코드로 변환하면 한글 문자열의 길이를 정확히 셀 수 있습니다.

```
>>> len(unicode('안녕', '949'))
2
```

Python 3에서는 유니코드를 사용하므로 이러한 변환이 필요하지 않습니다.

```
>>> len('안녕')
2
```

4.4 환율 계산

아마존에 들어갔더니 킨들이 떡하니 대문을 차지하고 있네요.

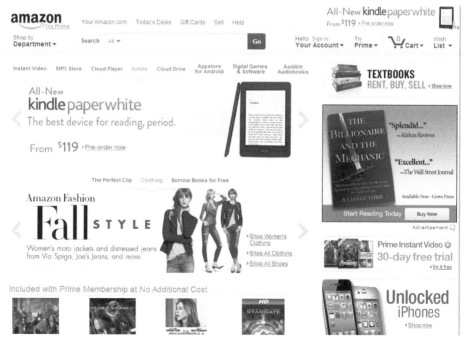

그림 1-32 ● 아마존 웹 사이트

paperwhite 모델이 $119라... 달러가 얼마쯤 하는지 찾아보니,

1 달러 = 1103.20 원입니다.[8]

그러니까 119 곱하기 1103.20 하면... 파이썬으로 한번 계산해 보겠습니다.

dollar라는 변수를 만들어 주고,

```
>>> dollar = 1103.20
```

숫자 계산을 시켜 봅니다.

```
>>> 119 * dollar
```

위와 같이 쓰고 〈Enter〉 키를 누르면 $119가 얼마인지 알 수 있습니다.

Free 3G 모델은 $189 라는데, 이것도 얼마인지 계산해 보겠습니다.

음, dollar라고 치자니 글자가 길어서 좀 귀찮습니다. 한 글자로 된 변수를 만들어 볼까요?[9]

```
>>> d = dollar
```

자, 환율 계산 들어갑니다.

```
>>> 189 * d
208504.80000000002
```

신용카드로 구매하면 해외 이용 수수료가 붙는다구요?

네, 그럼 0.2 퍼센트를 더해 보도록 하겠습니다.[10]

파이썬 쉘은 방금 계산한 결과를 기억하고 있습니다. 밑줄을 입력하면 불러낼 수 있습니다.

```
>>> _ * (1 + 0.2 / 100)
208921.8096
```

---

8 2013년 9월 6일에 최종 고시된, 송금 보낼 때 환율입니다.

9 실제 프로그램 개발에 있어서는 변수명을 한 글자로 지을 경우 남이 이해하기 어려울 수도 있으니, 조금 수고스럽더라도 의미를 잘 표현하는 변수명을 짓도록 노력해야 합니다.

10 뽐뿌 해외 포럼 http://www.ppomppu.co.kr/zboard/view.php?id=oversea&no=59835

```
오후 7:07                                              80% ⬛

Reset                    Python 3.3.0                    Menu

Python 3.3.0 (default, Jan 22 2013, 16:54:47)
[GCC 4.2.1 Compatible Apple Clang 4.1 ((tags/Apple/clang-421.11.66))] on
darwin.
Type "help", "copyright", "credits" or "%magic" for more information.
>>> dollar = 1103.20
>>> 119 * dollar

>>> d = dollar
>>> 189 * dollar

>>> 189 * d

>>> _ * (1 + 0.2 / 100)

>>>
```

그림 1-33 ● 파이썬 쉘에서 환율 계산(iOS 용 Python 3.3)

iOS에서도 파이썬을 쉽게 테스트할 수 있어서 좋습니다.^^

4.5 날짜 계산

추석이 며칠 남았는지 확인해 보겠습니다. datetime 모듈에 들어 있는 date 클래스를 활용하면 날짜 계산을 편리하게 할 수 있습니다.

```
>>> from datetime import date
```

오늘 날짜를 today 변수에 넣고,

```
>>> t = date.today()
```

확인해 보겠습니다.

```
>>> t
datetime.date(2013, 9, 7)
```

오늘은 9월 7일이라는 답이 돌아왔습니다.

추석을 c라고 하고,

```
>>> c = date(2013, 9, 19)
```

며칠 남았는지 계산을 시켜 봅니다.[11]

```
>>> abs(c - t).days
12
```

4.6 로또 번호 뽑기

1부터 45까지의 숫자를 준비해 주세요. 숫자 범위(range)를 만들어서 목록(list)을 생성하면 됩니다.[12]

```
>>> lotto = list(range(1, 46))
>>> lotto
```

---

11 예제는 2013년 기준입니다. 다른 해의 추석 날짜가 궁금하시면 위키백과에서 확인해 보시기 바랍니다. http://ko.wikipedia.org/wiki/추석

12 Python 2에서는 range 함수를 수행하면 목록(list)을 돌려주기 때문에 lotto = range(1, 46)라고 쓰셔도 되지만 Python 3에 들어서 규칙이 바뀌었습니다.

```
[1, 2, 3, 4, 5, 6, 7, 8, 9, 10, 11, 12, 13, 14, 15, 16, 17, 18, 19,
20, 21, 22, 23, 24, 25, 26, 27, 28, 29, 30, 31, 32, 33, 34, 35, 36,
37, 38, 39, 40, 41, 42, 43, 44, 45]
```

range 함수를 쓸 때 range(1, 45)가 아니라 range(1, 46)이라고 썼는데, 1 이상 46 미만의 숫자라고 이해하시면 쉽습니다.

숫자를 섞어 보겠습니다. 빙글빙글~

```
>>> import random
>>> random.shuffle(lotto)
```

숫자를 무작위로 뽑는 여러 가지 기능을 모아 놓은 랜덤(random) 꾸러미를 가져와서(import), 목록을 뒤섞어 주는 셔플(shuffle) 기능을 써 보았습니다. 로또 숫자가 잘 섞였는지 확인해 보겠습니다.[13]

```
>>> lotto
[16, 13, 39, 11, 38, 41, 19, 45, 5, 8, 26, 15, 9, 37, 10, 29, 2, 18,
24, 7, 42, 36, 25, 28, 14, 1, 22, 12, 32, 30, 20, 6, 43, 34, 21, 31, 3,
23, 44, 33, 17, 40, 35, 27, 4]
```

잘 섞여 있습니다. 그럼, 숫자를 하나 꺼내(pop) 주세요!

```
>>> lotto.pop()
4
```

뒤섞인 로또 목록에서 원소를 꺼내 달라고 했더니 숫자 4가 나왔습니다. 원소를 하나 꺼냈으니 목록은 길이가 줄었을 것입니다.

```
>>> lotto
[16, 13, 39, 11, 38, 41, 19, 45, 5, 8, 26, 15, 9, 37, 10, 29, 2, 18,
24, 7, 42, 36, 25, 28, 14, 1, 22, 12, 32, 30, 20, 6, 43, 34, 21, 31, 3,
23, 44, 33, 17, 40, 35, 27]
```

숫자를 다섯 개 더 꺼내 보겠습니다. lotto.pop()을 다섯 번 입력해도 되지만, 이렇게 다섯 번 반복하도록 시키면 알아서 잘 해 줍니다.

---

13 random.shuffle() 함수는 웹 파이썬 쉘(http://shell.appspot.com)에서는 제대로 동작하지 않습니다. 크롬 브라우저 Python 앱 또는 파이썬 개발 도구를 사용하시기 바랍니다.

```
>>> for i in range(5):
...     lotto.pop()
...
27
35
40
17
33
```

for 문을 쓰실 때는, 첫 번째 줄의 콜론(:)까지 입력하고 〈Enter〉 키를 치면 다음 줄에 점 세 개(...)가 나타나는데, 여기서 〈Tab〉을 눌러서 들여쓰기를 해 주시면 됩니다.

45개 중에 총 6개를 꺼냈으니 lotto 목록에는 39개의 숫자가 남아 있을 것입니다. 목록의 길이(length)를 확인해 보겠습니다.

```
>>> len(lotto)
39
```

예상대로 줄어들었네요.

for 문은 목록(list)과 같은 순서형 자료를 이용해서, 원하는 일을 반복적으로 수행할 때 쓰입니다.

```
>>> family = ['father', 'mother', 'I', 'sister']

>>> for x in family:        # family라는 목록의 각각의 항목 x에 대하여:
...     print(x, len(x))    # x와 x의 글자수를 출력하라.

...
father 6
mother 6
I 1
sister 6
```

for 문을 숫자 범위(range)와 함께 사용할 수도 있습니다.

```
>>> for i in range(4, 8):
...     print i
...
4
5
```

4.7 암호문 만들기

암호는 컴퓨터가 세상에 나오기 훨씬 전부터 사용되어 왔다고 합니다. 암호에 얽힌 재미있는 이야기를 읽다 보면, 로마의 정치가이자 장군인 율리우스 카이사르가 사용했다고 하는 암호에 대한 설명이 빠지지 않습니다. 카이사르의 암호법은 다음과 같습니다.[14]

a	b	c	d	e	f	g	h	i	j	k	l	m	n	o	p	q	r	s	t	u	v	w	x	y	z
D	E	F	G	H	I	J	K	L	M	N	O	P	Q	R	S	T	U	V	W	X	Y	Z	A	B	C

그림 1-34 ● 카이사르의 암호법

표의 윗줄은 알파벳 a부터 z까지를 순서대로 나열한 것이고, 아랫줄은 윗줄에 쓰인 글자를 세 칸씩 왼쪽으로 밀어서 쓴 것입니다. D부터 Z까지 차례대로 쓰고, 남는 세 칸에는 왼쪽에서 잘려 나간 A, B, C를 채웠습니다.

위의 표를 이용해서 'Now is better than never.'라는 문장을 암호화한다고 하면 다음과 같이 한 글자씩 바꾸어 나갈 수 있습니다.[15] 편의상 원문은 모두 소문자로, 암호문은 모두 대문자로 표기하겠습니다.

n → Q

o → R

w → Z

글자 하나를 다른 글자 하나로 바꾸는 방식이라고 해서 '단일 환자' 방식이라고도 하는 카이사르 암호, 파이썬을 이용하면 이런 일은 식은 죽 먹기입니다.

문자를 치환해 주는 번역표(translation table)를 하나 만들고,

14 루돌프 키펜한 지음, 이일우 옮김, 『암호의 해석』, 코리아하우스

15 '파이썬의 禪'이라는 시의 한 구절입니다. 이렇게 하면 전문을 보실 수 있습니다.

```
>>> import this
```

한글로 번역한 블로그도 있네요. http://mcchae.egloos.com/10719283

```
>>> tt = str.maketrans('abcdefghijklmnopqrstuvwxyz', 'DEFGHIJKLMNOPQRSTUVWXYZABC')
```

문자열을 번역표에 따라 바꿔 주면 됩니다.

```
>>> 'now is better than never'.translate(tt)
'QRZ LV EHWWHU WKDQ QHYHU'
```

참 쉽죠?

암호문을 평문으로 되돌리려면 어떻게 해야 할까요? =3=3=3

4.8 구구단을 외자

절차를 기술하는 프로그래밍 언어에서 빠질 수 없는 반복문과 분기문에 대해서 알아보겠습니다.

4.8.1 while 문

조선시대 엄친아, 한석봉 이야기를 해 보겠습니다.

큰 뜻을 품고 어머니를 떠나 글공부를 하던 석봉은 어머니가 너무 그리워 집을 찾아갔습니다. 돌아온 석봉을 본 어머니는 말씀하셨습니다.

"나는 떡을 썰 테니, 너는 글을 쓰거라."

불을 끈 어머니는 떡을 썰기 시작합니다. 어머니는 내일 아침에 아들에게 떡국을 끓여 주려고 길다란 떡을 써셨던 것 같습니다. 그동안에 석봉은 여지껏 연마한 실력을 총동원하여 1부터 10까지 숫자를 씁니다.

```
1, 2, 3, ...
```

파이썬으로 표현하면 이렇게 되겠죠?

```
>>> print(1)
1
>>> print(2)
2
>>> print(3)
3
```

좀 귀찮기는 해도 쓸 만하지 않습니까? 그런데, 어머니께서 1부터 100까지 써 보라고 하십니다. 아, 막막합니다. 어느 세월에 다 씁니까. 100까지 쓰면 아침이 밝아 오겠습니다.

이럴 땐 다른 방법을 찾아야겠지요? 네, 반복문 신공을 펼침이 옳습니다.

```
1, 2, 3, ... , 98, 99, 100
```

1부터 100까지는 저런 모양이 될 텐데, 가만 보면 다음에 나오는 숫자는 앞의 숫자보다 1이 더 큽니다. 다시 말하면 앞의 숫자에 1을 더하면 다음 숫자가 나온다는 것입니다. 그러니까 계속 앞의 숫자에 1을 더해 나가다가 100까지 쓰고 그만두면 됩니다.

다음을 잘 보시기 바랍니다.

```
>>> num = 1
>>> while num <= 100:
...     print (num)
...     num = num + 1
...
```

우리가 쓸 숫자를 num이라고 했고 여기에 1을 넣어 주었습니다.

그 다음에 while이라는 것이 나오죠? while은 우리말로 '~하는 동안에'라는 뜻을 갖고 있습니다. 여기서는 'num이 100보다 작거나 같은 동안에'라는 뜻으로 쓴 것입니다.

아직 알쏭달쏭하시죠? 일단 다음 문장으로 넘어가 보도록 하겠습니다.

```
print (num)
```

이것은 num이라는 변수에 들어 있는 수를 찍어 달라는 것입니다. 지금까지의 내용을 잘 따라오셨다면 이해하실 것입니다. 지금 num에는 1이 들어 있으니 당근 1을 찍어 주겠지요.

그 다음 문장을 봅시다.

```
num = num + 1
```

이번엔 진짜로 이상한 것이 나왔습니다. num이 1이라면 1 = 1 + 1이 된다는 얼토당토 않은 소리군요. 그런데 프로그래밍에서 = 표시는 '같다'는 뜻 말고 다른 뜻을 갖고 있습니다. num = num + 1이라고 쓴 것은 num이라는 변수가 가진 값에 1을 더해서 다시 num에게 넣어 주라는 의미입니다.

이해를 돕기 위해 다른 예를 들어 보겠습니다.

```
>>> a = 3
>>> b = a + 2
```

위의 문장을 보시기 바랍니다. b의 값이 얼마가 되었을까요? 이제 이해가 가시겠죠?

이야기가 한참 딴 데로 샜습니다. 1부터 100까지 쓰는 예제로 다시 돌아가서,

```
>>> num = 1
>>> while num <= 100:
...     print(num)
...     num = num + 1
...
```

while은 어떤 조건이 만족되는 동안 그 아래에 쓴 문장들을 반복하는 기능을 갖고 있습니다. 여기서는 num이 100이 될 때까지 print(num)과 num = num + 1을 반복하는 것입니다. 제가 반복해 보겠습니다.

처음엔 num 값이 1이니까 100보다 작습니다. 그렇다면 그 다음 문장을 수행해야겠지요?

print(num)이니까 화면에 1을 출력하고 num = num + 1해서 num은 2가 됩니다.

그리고는 다시 위의 while로 돌아가지요.

그러면 num 값이 2이므로 print(num)이 2를 찍고 num = num + 1해서 num은 3이 됩니다.

그 다음엔 num 값이 3이므로 print(num)이 3을 찍고 num = num + 1해서 num은 4가 됩니다.

그 다음엔 num 값이 4이므로 print(num)이 4를 찍고 num = num + 1해서 num은 5가 됩니다.

헉헉헉

그 다음엔, 헉헉헉

그렇게 하다 보면 언젠가는 num 값이 99까지 올라갑니다. 이번에도 100보다는 작으니까 또 99 찍고, num은 드디어 100이 됩니다. 이제 또 다시 while로 갑니다. while 옆에 뭐라고 써 있는가 하면,

```
num <= 100:
```

그렇습니다. num이 100보다 작거나 같을 때 조건을 만족하는 것입니다. 그러면 하던 일을 계속해야겠죠? print(num)하면 화면에 100을 찍고 num = num + 1해서 num에는 101이 들어갑니다. 그 다음에 while을 만나면 이번엔 num이 100보다 크니까 그 다음의 문장을 수행하지 않고 끝이 나고야 맙니다.

썰렁~.

우리는 머리를 약간 굴리고 프로그램 네 줄만 치면 1부터 100까지가 아니라 백만, 천만, 억, 그 이상의 숫자도 쓸 수 있는 것입니다. 놀랍지 않습니까, 여러분? 믿기지 않으신다구요? 그럼 한번 따라해 보실까요?

먼저 파이썬 프로그램을 띄우시고, 처음 두 문장을 쳐 보시기 바랍니다. while 문 마지막에 콜론(:)이 꼭 들어가야 하니 빠뜨리지 않도록 조심하세요.

```
>>> num = 1
>>> while num <= 100:
...
```

둘째 줄까지 치면 다음 줄에 점 세 개가 자동으로 나타납니다. while 문은 여러 줄로 구성되기 때문에 다음 줄을 계속 입력하라는 뜻으로 나타나는 것입니다.

그럼 다음 줄을 입력하겠습니다. 점 세 개 뒤에 바로 쓰지 마시고 〈Tab〉 키를 한 번 눌러서 간격을 띄운 다음에 명령을 입력하세요. 파이썬에서는 여러 줄로 이루어진 명령을 입력할 때 둘째 줄부터는 반드시 들여쓰기를 해 줘야 하기 때문입니다.

```
...     print(num)
...     num = num + 1
...
```

그렇게 셋째, 넷째 줄까지 치고 ...이 나오면 〈Enter〉 키를 한 번 더 눌러 주세요. 그러면 더 이상 입력할 것이 없다는 것으로 알고 while 문이 끝나게 됩니다. 제대로 따라하셨다면 순식간에 1부터 100까지 화면에 나타날 것입니다.

그리하여 석봉은 100까지 숫자를 쓰고 그리운 어머니 품에서 편안히 잠들 수 있게 되었다는 말씀.

4.8.2 if 문

이번엔 if 문입니다. if는 '만약 ~이면'이라는 뜻이지요? 파이썬에서도 같은 의미로 사용합니다.

'달면 삼키고 쓰면 뱉는다'는 속담이 있지요. 그것을 파이썬에서 쓰는 것과 비슷하게 써 보겠습니다.

```
만약  달다면:
        삼킨다.
그렇지  않으면:
        뱉는다.
```

이번엔 영어를 조금 섞어서 써 볼까요?

```
if  달다면:
        삼킨다.
else:
        뱉는다.
```

위에 든 예들은 설명을 위해서 써 본 것이고, 그대로 작성하면 파이썬이 이해를 못합니다.

그럼 이번엔 실습을 해 보겠습니다. 다음의 두 수 a와 b 중에 어느 쪽이 더 클까요?

```
>>> a = 1234 * 4
>>> b = 13456 / 2
```

if 문을 사용해서 a가 크면 'a'를 출력하고 b가 크면 'b'를 출력하도록 프로그램을 작성해 볼까요? 한번 따라서 쳐 보시기 바랍니다.

```
>>> if a > b:          # 만약 a가 b보다 크면
...     print('a')     # 'a'를 출력한다.
... else:              # 그렇지 않으면
...     print('b')     # 'b'를 출력한다.
...
```

오른쪽에 # 이후에 있는 것들은 설명문이니까 입력하실 필요는 없습니다. a > b 라고 쓴 것은 a가 b보다 크다는 것을 나타냅니다. 그리 어렵지 않습니다.

조건을 여러 개 주는 것도 가능합니다. 이번엔 c와 d를 비교해 보겠습니다.

```
>>> c = 15 * 5
>>> d = 15 + 15 + 15 + 15 + 15
>>> if c > d:              # 만약 c가 d보다 크면
...     print('c > d')     # 'c > d'라고 출력한다.
... elif c == d:          # 그렇지 않고 c와 d가 같다면
...     print('c == d')    # 'c == d'라고 출력한다.
... else:                  # 이도 저도 아니면
...     print('c < d')     # 'c < d'라고 출력한다.
...
c == d
```

이렇게 elif라는 것을 사용하면 여러 개의 조건을 검사해서 그 중에서 맘에 드는 것을 고를 수 있습니다.

여기서 새로운 것이 또 있는데, 바로 ==(등호 두 개)입니다. ==는 지금까지 알고 있던 =(등호 한 개)와는 쓰임새가 다르니 혼동하지 않도록 주의하세요. c == d라고 쓰면 c와 d의 값이 같다는 것을 나타냅니다. 지금처럼 두 값을 비교할 때 사용합니다. 지금까지 등호 하나를 써서 c = d라고 쓴 것은 d라는 값을 c에 넣으라는 뜻이었습니다.

4.8.3 구구단

이번에는 파이썬으로 구구단을 풀어 보도록 할까요. 초등학교 때 그네 타면서 구구단을 외웠던 기억이 나는데, 전 왠지 8단이 어렵더라구요.

8단을 한번 외워 볼까요? 구구단을 외자, 구구단을 외자......

```
>>> left = 8
>>> for right in range(1, 10):
...     print('%d * %d = %d' % (left, right, left * right))
...
8 * 1 = 8
8 * 2 = 16
8 * 3 = 24
8 * 4 = 32
8 * 5 = 40
```

```
8 * 6 = 48
8 * 7 = 56
8 * 8 = 64
8 * 9 = 72
```

간단하죠? range()와 for 문을 써서, 8 곱하기 1부터 8 곱하기 9까지 계산하고 출력해 보았습니다. print() 함수를 보시면 % 기호가 여러 번 나오는데, 어떤 형식을 정해서 문자열을 출력하고자 할 때 편리하게 쓸 수 있는 방법입니다.

자자, 연습 문제 나갑니다.

  1. for 대신 while 문을 써서 구현하실 수도 있겠죠?

  2. 1단부터 9단까지 다 풀어 내는 프로그램을 짜 보시기 바랍니다.

  3. 19단에 도전을!

책을 들춰 보셔도 정답지는 없습니다. 직접 한번 풀어 보시기 바랍니다. ^^

4.9 영단어 사전

위키 기반의 온라인 사전인 윅셔너리(http://www.wiktionary.org/)에서 영어 단어를 몇 개 찾아보았습니다.

dictionary(plural dictionaries)

  1. A reference work with a list of words from one or more languages, normally ordered alphabetically and explaining each word's meaning and sometimes containing information on its etymology, usage, translations and other data.

  2. (computing) An associative array, a data structure where each value is referenced by a particular key, analogous to words and definitions in a physical dictionary.

python(plural pythons)

  1. A type of large constricting snake.

zoo(plural zoos)

1. A park where live animals are exhibited.

2. (figuratively) Any place that is wild, crowded, or chaotic.

3. The shopping center was a zoo the week before Christmas.

이 단어들을 파이썬의 사전(dictionary)으로 저장해 보겠습니다.

dic이라는 이름으로 사전을 만듭니다.

```
>>> dic = {}
```

dictionary라는 단어의 정의를 사전에 입력합니다.

```
>>> dic['dictionary'] = "1. A reference work with a list of words
from one or more languages, normally ordered alphabetically and
explaining each word's meaning and sometimes containing information
on its etymology, usage, translations and other data.\n2. (computing)
An associative array, a data structure where each value is referenced
by a particular key, analogous to words and definitions in a physical
dictionary."
```

python과 zoo도 입력합니다.

```
>>> dic['python'] = "1. A type of large constricting snake."
```

```
>>> dic['zoo'] = "1. A park where live animals are exhibited.\n2.
(figuratively) Any place that is wild, crowded, or chaotic.\n3. The
shopping center was a zoo the week before Christmas."
```

자, dic에서 python을 찾아보겠습니다.

```
>>> dic['python']
'1. A type of large constricting snake.'
```

zoo도 찾아서 출력(print)해 보겠습니다.

```
>>> print(dic['zoo'])
1. A park where live animals are exhibited.
2. (figuratively) Any place that is wild, crowded, or chaotic.
3. The shopping center was a zoo the week before Christmas.
```

입력할 때 줄넘김 문자(\n)를 넣어 주었던 부분은 출력할 때 줄이 바뀌어서 보입니다.

이번에는 영어에 약하신 분들을 위해 포켓용 사전을 만들어 볼까요?

```
>>> smalldic = {'dictionary': 'reference', 'python': 'snake', 'zoo': 'park'
```

사전을 만들면서 값을 바로 넣어 주었습니다.

세 개의 단어가 들어 있죠?

```
>>> len(smalldic)
3
```

smalldic 사전을 통째로 열어 봅니다.

```
>>> smalldic
{'python': 'snake', 'dictionary': 'reference', 'zoo': 'park'}
```

python과 dictionary의 순서가 바뀌어 있네요. 사전 자료형은 자료를 빨리 찾아 주는 대신, 원소를 입력한 순서를 유지하지 않습니다.

사전의 키만 보고 싶을 때는 keys를, 값만 보고 싶을 때는 values를 사용할 수 있습니다.

```
>>> smalldic.keys()
dict_keys(['python', 'zoo', 'dictionary'])
>>> smalldic.values()
dict_values(['snake', 'park', 'reference'])
```

특정한 키를 가지고 있는지 알아보려면 in을 사용합니다. Python 2에서 사용하였던 has_key는 Python 3에서 없어졌습니다.

```
>>> 'python' in smalldic
True
```

대소문자를 구분하는지 확인하기 위해 첫 글자를 대문자로 바꾸어 보겠습니다.

```
>>> 'Python' in smalldic
False
```

2 시쿨리(Sikuli)

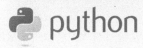

시쿨리(Sikuli)는 일반적인 프로그래밍 언어로는 하기 힘들었던 일들을 깜짝 놀랄 만큼 쉽고 편리하게 처리해 주는, 화면 캡처 기반의 개발 도구입니다.

시쿨리 홈페이지(http://www.sikuli.org/)에 가 보시면, 시쿨리 소개와 함께, 시쿨리를 이용해서 만든 기발한 프로그램들을 보실 수 있습니다.

- 시스템 IP 주소 설정을 자동으로 처리하기
- 페이스북에 올라 오는 메시지를 모니터하기
- 스카이프로 걸려 오는 전화를 발신자에 따라 가려 받기
- PDF 문서를 넘겨 가면서 특정한 그림 찾기
- 웹캠으로 촬영 중인 영상의 변화를 감지하기

그림 2-1 ● 시쿨리 홈페이지(http://www.sikuli.org/)

시쿨리는 Jython(자바를 기반으로 동작하는 파이썬)으로 만들어져 있어서, 아주 간단한 파이썬 문법만 알아도 얼마든지 활용할 수 있습니다. 이번 장에서는 시쿨리를 써 보면서 파이썬과도 조금 더 친해져 보려고 합니다.

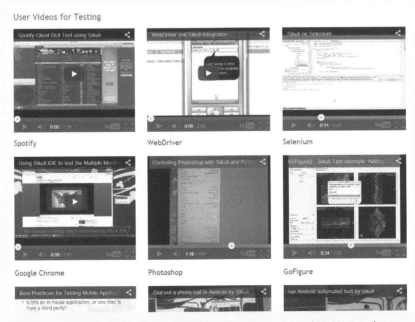

그림 2-2 ● 시쿨리를 이용한 테스트 자동화(http://www.sikuli.org/testing.html)

시쿨리 내려받기와 설치

1.1 Java 설치

시쿨리를 사용하려면 컴퓨터에 Java 실행 환경(JRE)이 갖추어져 있어야 합니다. 부록의 Java 설치 안내를 참고하여 Java를 설치합니다.

1.2 시쿨리 설치

아래 주소의 시쿨리 다운로드 페이지에서 sikuli−setup.jar를 다운로드합니다.

https://launchpad.net/sikuli/+download

그림 2-3 • Sikuli 다운로드

다운로드한 sikuli-setup.jar는 실행 가능한 압축 파일입니다. 윈도우 탐색기에서 더블 클릭하면 다음과 같은 팝업 창이 나타납니다.

그림 2-4 ● Sikuli 설치

팝업 메시지를 따라 명령 프롬프트에서 설치 폴더로 이동하여 `runSetup.cmd`를 실행합니다.

```
관리자: 명령 프롬프트
Microsoft Windows [Version 6.1.7601]
Copyright (c) 2009 Microsoft Corporation. All rights reserved.

C:\Users\Yong Choi>cd \SikuliX

C:\SikuliX>dir
 C 드라이브의 볼륨: Windows7_OS
 볼륨 일련 번호: 2651-8351

 C:\SikuliX 디렉터리

2013-08-22  오후 12:40    <DIR>          .
2013-08-22  오후 12:40    <DIR>          ..
2013-08-22  오후 12:40             1,337 runSetup.cmd
2013-08-22  오전 11:48        18,412,234 sikuli-setup.jar
2013-08-22  오후 12:40             3,751 SikuliX-1.0.1-SetupLog.txt
              3개 파일          18,417,322 바이트
              2개 디렉터리  126,394,105,856 바이트 남음

C:\SikuliX>runSetup.cmd_
```

그림 2-5 ● Sikuli 설치

설치 시 주의를 당부하는 메시지 팝업을 확인하고 진행합니다.

그림 2-6 ● Sikuli 설치

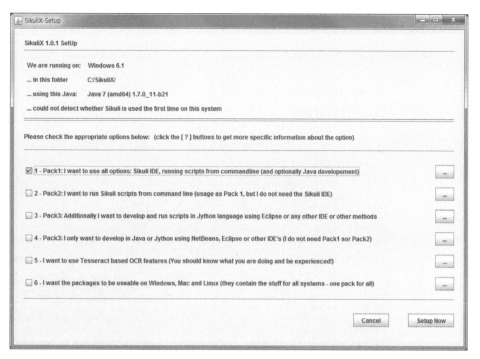

그림 2-7 ● Sikuli 설치

설치 선택 사항 가운데에서 1번을 선택하겠습니다.

그림 2-8 ● Sikuli 설치

파일의 다운로드를 진행할 것인지 묻는 창에 예(Y)로 답하면 설치가 완료됩니다.

그림 2-9 ● Sikuli 설치

```
관리자: 명령 프롬프트
[debug] syspath: C:₩Program Files (x86)₩Intel₩OpenCL SDK₩2.0₩bin₩x86
[debug] syspath: C:₩Program Files (x86)₩Intel₩OpenCL SDK₩2.0₩bin₩x64
[debug] syspath: C:₩Program Files₩Common Files₩Lenovo
[debug] syspath: C:₩Program Files (x86)₩Windows Live₩Shared
[debug] syspath: C:₩SWTOOLS₩ReadyApps
[debug] syspath: C:₩Program Files (x86)₩Symantec₩VIP Access Client₩
[debug] syspath: C:₩Program Files (x86)₩Common Files₩Lenovo
[debug] syspath: C:₩Program Files (x86)₩QuickTime₩QTSystem₩
[debug] syspath: C:₩Program Files (x86)₩Heroku₩bin
[debug] syspath: C:₩Program Files (x86)₩ruby-1.9.2₩bin
[debug] syspath: C:₩Program Files (x86)₩git₩bin
[debug] syspath: C:₩Program Files (x86)₩git₩cmd
[debug] syspath: C:₩Program Files₩TortoiseHg₩
[debug] syspath: C:₩Python27
[debug] syspath: C:₩Python27₩Scripts
[debug] syspath: C:₩Program Files (x86)₩Google₩google_appengine₩
[debug] user home: C:₩Users₩Yong Choi
[debug] Download ended
[debug] adding native stuff to sikuli-ide.jar
[debug] trying to set up the environment
[debug] Trying to run functional test: running Jython statements via SikuliScrip
t
[debug] ... SikuliX Setup seems to have ended successfully ;->

C:₩SikuliX>
```

그림 2-10 ● Sikuli 설치

1.3   Sikuli IDE 실행

SikuliX가 설치된 폴더에서 runIDE.cmd를 실행합니다. 다음과 같이 명령 프롬프트에서 실행하여도 되고, 윈도우 탐색기에서 아이콘을 더블 클릭하여도 됩니다.

C:\SikuliX>**runIDE.cmd**

+++ running this Java

java version "1.7.0_11"

Java(TM) SE Runtime Environment (build 1.7.0_11-b21)

Java HotSpot(TM) 64-Bit Server VM (build 23.6-b04, mixed mode)

+++ trying to start Sikuli IDE

+++ using: -Xms64M -Xmx512M -Dfile.encoding=UTF-8 -Dsikuli.

FromCommandLine -jar C:\SikuliX\sikuli-ide.jar

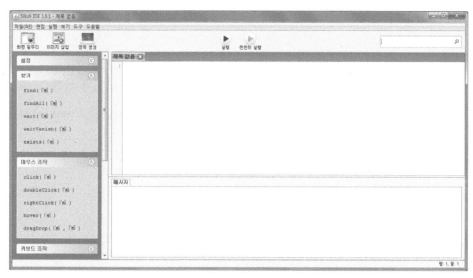

그림 2-11 ● Sikuli IDE

지뢰 찾기

자, 시쿨리를 설치하셨으면 아주 살짝 맛을 보여 드리도록 하겠습니다. 기대하세요.

윈도우에 기본으로 지뢰 찾기 게임이 설치되어 있습니다. 한번 실행시켜 보시기 바랍니다.

그림 2-12 ● 지뢰 찾기

지금부터 지뢰를 자동으로 찾아주는 프로그램을 작성해 보려고 합니다. 네, 바로 시쿨리를 가지구요.

Windows 7의 게임 폴더에 게임이 표시되지 않는다면 다음과 같은 방법으로 설치할 수 있습니다.

1. 시작 ● 단추를 클릭하고 제어판, 프로그램, 프로그램 및 기능을 차례로 클릭한 다음 Windows 기능 사용/사용 안 함을 클릭합니다. ● 관리자 암호를 묻거나 확인하는 메시지가 표시되면 암호를 입력하거나 확인을 제공합니다.

2. 게임 확인란을 선택한 다음 확인을 클릭합니다.

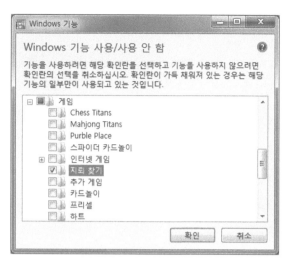

그림 2-13 ● Windows 7에서 게임 사용

2.1 네모칸 누르기

자, 슬슬 시작해 보겠습니다. Sikuli IDE를 실행시켜 주세요.

시쿨리 개발 도구의 왼쪽을 보시면 명령어 목록이 나열되어 있습니다. 그 중에서 click()을 클릭해 보시기 바랍니다. 화면이 어두워질 텐데 놀라지 마시구요, 지뢰 찾기의 네모칸 하나를 캡처해 보시기 바랍니다. 한쪽 꼭지점에서 대각선 맞은편의 꼭지점까지 선택하시면 됩니다. 마우스 포인터가 십자 형태로 바뀌어서 캡처하기 편리하도록 되어 있습니다.

다른 창 때문에 지뢰 찾기 창이 가려져 있어서 캡처하지 못하셨다면, 아무 곳이나 캡처하고 시쿨리 화면으로 돌아간 뒤에 지뢰 찾기 창이 보이게 띄워서 다시 시도해 보시기 바랍니다.

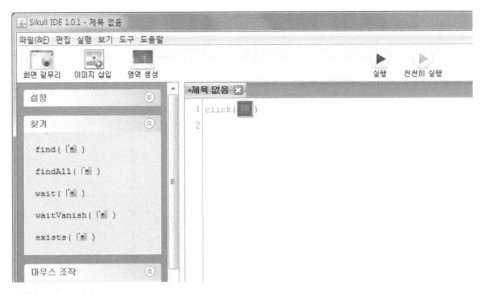

그림 2-14 • click

제대로 캡처하셨다면 위의 그림과 같이 click() 메소드가, 방금 캡처하신 그림과 함께 나타납니다. 그럼, 시쿨리의 도구 막대에서 실행 버튼를 눌러 보시기 바랍니다. 메뉴에서 실행 → 실행을 고르셔도 되고, 단축키로는 〈Ctrl〉 + 〈R〉을 누르셔도 됩니다.

[그림 2-15]와 같은 경고 창이 뜨는 것은 시쿨리 스크립트를 저장하지 않았기 때문입니다. 지금은 Run immediately 버튼을 클릭하여 실행하면 됩니다.

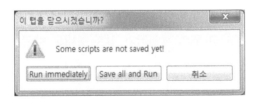

그림 2-15 • Sikuli 실행

잘 되면 실행 버튼을 몇 번 더 눌러 보시기 바랍니다. 캡처한 이미지를 잘못 찾거나 해서 실행이 잘 안 된다면, 오른쪽 창의 스크립트를 지우고 처음부터 다시 시도해 보시기 바랍니다.

다음 장에서는 한번 시작시켜 놓으면 더 이상 네모칸이 남지 않을 때까지 계속 클릭하는 시쿨리 스크립트를 작성해 보겠습니다.

2.2 지뢰 계속 찾기

앞에서 작성한, 네모칸을 한 번 클릭하는 스크립트에 이어서, 이번에는 한 번만 실행시키면 네모칸 클릭을 반복하는 스크립트를 작성해 보겠습니다. 지뢰 찾기의 네모칸을 계속 클릭하는 가장 단순한 방법은 뭘까요?

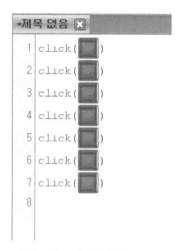

그림 2-16 ● 여러 번 클릭

위의 그림과 같은 스크립트를 자연어로 옮기면 다음과 같을 것입니다.

"파란 네모칸 클릭해. 파란 네모칸 클릭해. 파란 네모칸 클릭해. 파란 네모칸 클릭해. 파란 네모칸 클릭해. 파란 네모칸 클릭해. 파란 네모칸 클릭해."

이럴 때 우리는 뭐라고 말할까요?

"파란 네모칸 <u>계속</u> 클릭해."

시쿨리에서는 이렇게 하시면 됩니다.

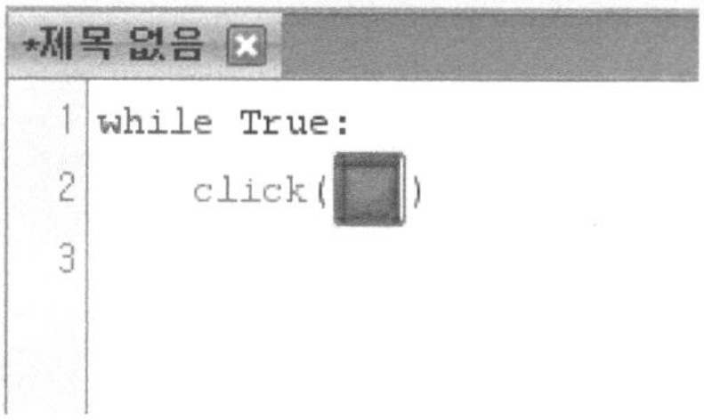

```
1  while True:
2      click(    )
3
```

그림 2-17 ● 계속 클릭

while True: 쓰시고 〈Enter〉 키를 치시고, 〈Tab〉 키 한 번 누르시고, 아까 만드셨던 click()을 복사해서 붙여넣어 주세요. 작성하실 때 T 자는 대문자로, 나머지는 소문자로 쓰셔야 합니다.

똑같이 작성하셨으면 한번 실행시켜 보시기 바랍니다.

시쿨리 스크립트를 실행하다가 멈추려면 〈Alt〉 + 〈Shift〉 + 〈C〉를 누르시면 됩니다.

2.3 죽을 때까지 지뢰 찾기

앞장에서 작성한 스크립트의 가장 큰 문제점은, 지뢰가 터져서 게임이 끝나도 파란 네모칸을 계속 누른다는 점입니다. 어떻게 하면 좋을까요?

"지뢰가 터지지 않는 한, 파란 네모칸 계속 클릭해."

시쿨리에서는 반복문을 사용할 수 있습니다.

```
while not exists(지뢰 터진 모양):
    click(네모칸 모양)
```

그림 2-18 ● 지뢰가 터질 때까지 클릭

첫째 줄에서 터진 지뢰를 캡처할 때는 까만 테두리까지 캡처하지 말고, 테두리 안쪽의 지뢰만 캡처하는 것이 요령입니다. 둘째 줄은 〈Tab〉 키를 한 번 누르시거나, 빈 칸(space)을 네 번 정도 눌러서 들여쓰기를 꼭 해 주시기 바랍니다.

다 하셨으면 테스트해 보시기 바랍니다. 지뢰의 배열에 따라 잘 인식하지 못하는 경우도 있으므로, 다시 캡처할 필요가 있을 수도 있습니다.

위에서 보신 while 문은, 이렇게 표현할 수도 있습니다.

"파란 네모칸 계속 클릭해. 지뢰 터지면 그만해"

```
deadman ☒
1  while True:
2      click(▦)
3      if exists(Pattern(▦)):
4          break
5
```

그림 2-19 ● 계속 클릭하다가 지뢰가 터지면 중단

2.4   깃발 꽂기

지금까지는 지뢰가 있든 없든 무조건 클릭을 했는데, 이제부터는 지뢰가 있을 것 같은 자리는 피해 다니도록 해 보겠습니다. 지뢰 찾기를 하다 보면 몇 가지 규칙을 발견하게 됩니다.

121의 숫자 배열이 나오면 1의 옆에 지뢰가 위치한다.

위의 규칙을 구현해 보겠습니다. 시쿨리 IDE의 메뉴에서 File → 새로 만들기를 선택하시고, 지뢰 찾기 게임을 좀 하시다가 121의 배열이 나오면, 시쿨리 IDE의 왼쪽 메뉴에서 rightClick()을 선택하셔서 캡처해 주세요. 캡처하실 때 바깥쪽 테두리는 피하시는 것이 좋습니다.

그림 2-20 ● rightClick()

rightClick()은 캡처한 이미지와 비슷한 패턴을 찾아서 한가운데를 오른쪽 클릭해 줍니다. 그러면, 패턴의 한가운데 지점을 오른쪽 클릭하는 것이 아니라, 숫자 1의 옆 칸을 오른쪽 클릭해서 깃발을 꽂으려면 어떻게 해야 할까요?

캡처하신 이미지를 클릭해 보시기 바랍니다. 패턴 설정 창이 뜨면 대상 위치 탭을 선택합니다.

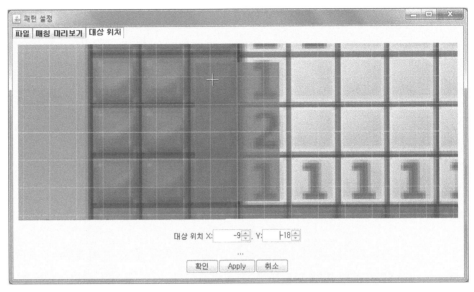

그림 2-21 • 대상 위치

마우스 클릭을 하고 싶은 위치를 정해 줄 수 있습니다. 직접 클릭하셔도 되고, 대상 위치의 숫자 값을 조정하셔도 됩니다. 원하는 위치를 지정하고 확인 단추를 눌러서 원래 화면으로 돌아와 보면 이렇게 바뀌어 있습니다.

그림 2-22 • 대상 위치 적용된 rightClick

숫자 1 옆에 빨간 십자 표시가 생겼을 것입니다. 시쿨리 IDE의 실행 단추를 눌러서 테스트해 보시기 바랍니다.

실행시켜 보면 121이 아닌 곳을 잘못 클릭하는 경우도 있습니다. 그럴 땐 rightClick() 의 괄호 사이에 있는 이미지를 클릭하셔서 매칭 미리보기 탭에서 비슷한 정도를 뜻하는 Similarity 값을 조정해 보시기 바랍니다. 값을 높였다 낮췄다 해 보면서 원하는 부분만 빨갛게 표시되도록 맞춰 보시기 바랍니다.

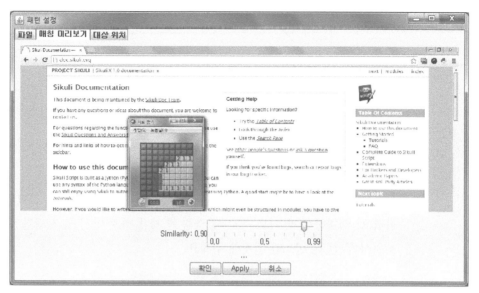

그림 2-23 ● 매칭 미리보기

Similarity를 조정한 후에는 편집기에도 숫자로 표시되어서 한눈에 알 수 있습니다.

그림 2-24 ● Similarity 설정이 적용된 rightClick

여기까지 다 하셨으면 121 패턴의 아래쪽에 있는 숫자 1의 옆에도 깃발을 꽂을 수 있도록 스크립트를 한 줄 더 작성해 보시고, 게임을 여러 번 실행시켜서 테스트해 보시기 바랍니다.

2.5 깃발 더 꽂기

이번에는 또 다른 규칙을 생각해 보겠습니다.

한 개의 네모칸 주위에는 총 8개의 네모칸이 있습니다. 그리고 만약에 1이라고 쓰여진 네모칸 주위의 8칸 중에 7칸이 비어 있다면, 남은 한 칸에는 틀림 없이 지뢰가 있습니다.

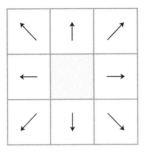

그림 2-25 ● 한 개의 네모칸 주위

1이 쓰여진 칸의 왼쪽 위에 지뢰가 있는 경우에 깃발을 꽂도록 스크립트를 만들어 볼까요? 캡처하실 때 가로 세로 세 칸씩 꽉 차게 하지 마시고, 지뢰가 있는 쪽으로 치우쳐서 두 칸 반 정도만 캡처해 주세요.

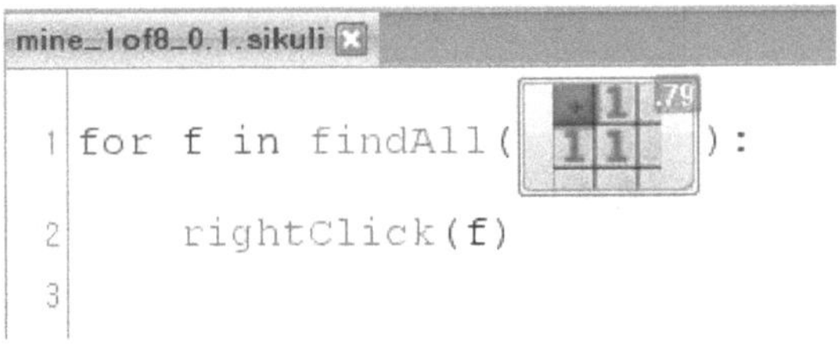

```
mine_1of8_0.1.sikuli
1 for f in findAll(       ):
2     rightClick(f)
3
```

그림 2-26 ● findAll()

findAll()은 찾고자 하는 패턴이 여기저기에 있을 때 모두 다 찾아 주는 메서드입니다. 그리고, 여러 개 찾아 놓은 패턴 각각에 대해서 뭔가를 하고 싶을 때에는 위와 같이 for ... in ... 구문을 사용하시면 됩니다.

그림 2-27 ● for 문 사용

이렇게 하면 비슷한 패턴이 여러 곳에 나타나도 다 찾을 수 있습니다.

잘 되시면 숫자 1의 오른쪽 위에 지뢰가 있는 경우에도 깃발을 꽂을 수 있도록 스크립트를 작성해 보시기 바랍니다. 마찬가지로 왼쪽 아래와, 오른쪽 아래도 처리할 수 있도록 해 보시기 바랍니다.

2.6 패턴 목록 만들기

앞장에서는 숫자 1이 표시된 칸에 인접한 8개의 네모칸 중 왼쪽 위 칸에 지뢰가 있는 경우를 예로 들어 보여 드렸고, 오른쪽 위, 왼쪽 아래, 오른쪽 아래에 대해서도 각자 작성하셨을 거예요. 코드를 작성하면서 뭔가 느끼신 점이 있었나요?

네, 똑같은 코드를 계속 작성하고 있는 자신을 발견하셨다면 제대로 느끼신 것입니다. 패턴을 하나 찾아서 일을 시키고, 또 다른 패턴을 찾아서 똑같은 일을 시키는 일을 반복하고 있습니다.

그렇다면, 어떻게 하면 코드를 개선할 수 있을까요?

이렇게 해 보는 것은 어떨까요?

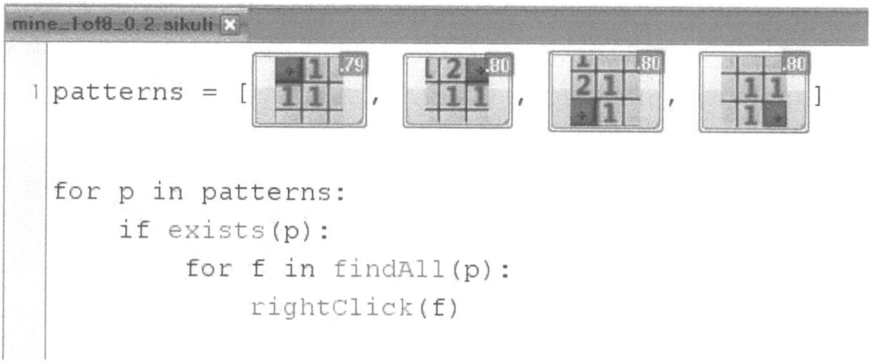

그림 2-28 • 패턴 목록

여러 가지 패턴을 목록(list)으로 만들어 놓고, 각각을 하나씩 불러내서 일을 시켜 보는 것입니다.

2.7 물음표 되돌리기

코드를 실제로 돌려 보면 한 번 찍었던 자리를 한 번 더 찍어서 의도하지 않게 물음표가 되어 버리는 경우가 있습니다. 아래 그림에서 표시한 것과 같이 이렇게 봐도 지뢰가 있고, 저렇게 봐도 지뢰가 있는 경우겠죠.

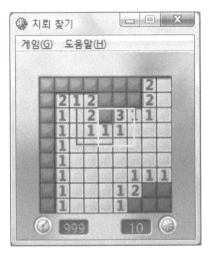

그림 2-29 ● 요리 보고 조리 보고

그 문제는 이렇게 해결해 봤습니다. 오른쪽 클릭을 할 때마다 물음표가 생기지 않았는지 확인해 보고, 만약 물음표가 되어 버린 것이 있으면 두 번 더 오른쪽 클릭을 해서 깃발로 되돌려 놓는 것입니다.

```
mine_1of8_0.3.sikuli

patterns = [ [.79]  , [.80]  , [.80]  , [.80]  ]

question = [?]


for p in patterns:
    if exists(p):
        for f in findAll(p):
            rightClick(f)
            if exists(question):
                question_cell = find(question)
                rightClick(question_cell)
                rightClick(question_cell)
```

그림 2-30 ● 물음표 되돌리기

2.8 지뢰밭에서 살아남기

지금까지 만들어 본 것들을 모아서 자동으로 지뢰를 찾는 간단한 스크립트를 작성해 보았습니다.

스크립트 내용을 살펴보기 전에, 먼저 소스 폴더를 열어 보겠습니다.

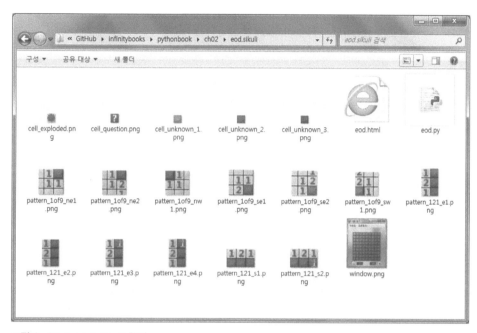

그림 2-31 ● eod.sikuli 폴더

시쿨리 스크립트 폴더에는 세 가지 종류의 파일이 들어 있습니다.

- **파이썬 스크립트(확장자: py)**
  여러분이 작성하신 시쿨리 스크립트는 실제로는 파이썬 스크립트로 저장되어 있습니다. 일반 텍스트 편집기로 열어서 수정하실 수 있습니다.

- **캡처 이미지(확장자: png)**
  캡처한 이미지들이 각각 그림 파일로 저장됩니다.

- **HTML 파일(확장자: html)**
  파이썬 스크립트와 그림을 한 곳에 모아서 보기 좋게 만들어져 있습니다.

그럼 스크립트를 보여 드리겠습니다.

```
01  import random
02
03  reg = Region(find("window.png"))
04
05  cell = {
06      'unknown': [
07          Pattern("cell_unknown_1.png").similar(0.98),
08          Pattern("cell_unknown_2.png").similar(0.98),
09          Pattern("cell_unknown_3.png").similar(0.98),
10          ],
11      'question': Pattern("cell_question.png").similar(0.90),
12      'exploded': Pattern("cell_exploded.png").similar(0.90)}
13
14  patterns = [
15      Pattern("pattern_1of9_nw1.png").similar(0.97).targetOffset(-14,-14),
16      Pattern("pattern_1of9_ne1.png").similar(0.97).targetOffset(14,-14),
17      Pattern("pattern_1of9_ne2.png").similar(0.97).targetOffset(14,-14),
18      Pattern("pattern_1of9_sw1.png").similar(0.97).targetOffset(-14,14),
19      Pattern("pattern_1of9_se1.png").similar(0.97).targetOffset(14,14),
20      Pattern("pattern_1of9_se2.png").similar(0.97).targetOffset(14,14),
21      Pattern("pattern_121_e1.png").similar(0.97).targetOffset(9,-18),
22      Pattern("pattern_121_e2.png").similar(0.97).targetOffset(9,-18),
23      Pattern("pattern_121_e3.png").similar(0.97).targetOffset(9,18),
24      Pattern("pattern_121_e4.png").similar(0.97).targetOffset(9,18),
25      Pattern("pattern_121_s1.png").similar(0.97).targetOffset(20,10),
26      Pattern("pattern_121_s2.png").similar(0.97).targetOffset(-16,11),
27      ]
28
29  def unknownCellExists():
30      result = False
31      for cu in cell['unknown']:
32          if reg.exists(cu):
33              result = True
34      return result
35
```

```
36  while unknownCellExists():
37      for pattern in patterns:
38          while reg.exists(pattern):
39              print(pattern)
40              rightClick(reg.find(pattern))
41              if reg.exists(cell['question']):
42                  q = reg.find(cell['question'])
43                  rightClick(q)
44                  rightClick(q)
45      if unknownCellExists():
46          click(random.choice(cell['unknown']))
47      if exists(cell['exploded']):
48          break
```

글자가 많으니 눈에 잘 안 들어오네요.^^ 당장 코드 전체를 이해하려면 힘드실 수도 있습니다. 이런 것이 있다는 정도로 가볍게 읽어 주세요.

- **1행:**
  우리가 주사위나 제비뽑기를 하는 것과 같은 우연을 컴퓨터로 만들어 내기 위해서는, 그때그때 다른 숫자가 나오도록 특별한 계산을 시킵니다. 파이썬 언어에서는 그런 계산을 편리하게 해 주는 무작위 꾸러미(random module)를 기본으로 제공해 주는데, 이것을 가져다가 쓰겠다는 뜻입니다.

- **3행:**
  전체 화면 중 지뢰 찾기 창이 있는 영역(region)을 지정했습니다.

- **5 ~ 12행:**
  네모칸을 뜻하는 cell이라는 이름으로 사전(dictionary)을 만들어 본 것입니다. 무엇이 들어 있는지 알 수 없는(unknown) 칸, 물음(question)표를 찍은 칸, 지뢰가 터진(exploded) 칸에 대해서 각각 그림을 캡처해 두었는데, 그 중 unknown에 대해서는 옅은 파란색부터 짙은 파란색까지 여러 번 캡처해서 목록(list)으로 만들었습니다.

- **14 ~ 27행:**
  패턴 목록입니다. IDE의 팝업 창에서 지정해 주었던 similarity 값과 대상 위치 값이 코드로 잘 표현되어 있습니다.

- **29 ~ 34행:**
  '혹시 (지뢰가 있는지 없는지) 모르는 칸이 존재하는지 따져보는' 기능을 unknownCellExists 라고 정해 두었습니다.

36행

지뢰가 있는지 없는지 아직 알 수 없는 파란 칸이 존재하는 한, 반복해야 할 일이 있음을 나타냅니다.

37 ~ 40행:

지뢰가 있을 만한 곳은 다 찾아보고,

41 ~ 44행:

이때 물음표가 나온 곳은 깃발로 되돌립니다.

45 ~ 46행:

일치하는 패턴을 모두 찾아보았으므로, 남아 있는 파란 칸을 무작위(random)로 찍어 봅니다.

47 ~ 48행:

지뢰가 터졌으면 반복문을 중단(break)합니다. 다행히 지뢰가 없는 칸이었으면 반복문이 계속 수행됩니다.

아이튠즈

애플 아이튠즈로 재미난 일들을 해 보려고 합니다. 아이튠즈를 설치해 보시려면 아래 주소에서 무료로 내려받을 수 있습니다.

http://www.apple.com/kr/itunes/download/

다른 소프트웨어를 이미 쓰고 있어서 아이튠즈를 굳이 설치하고 싶지 않으신 분은, 각자 환경에 맞게 응용해 보는 것도 좋습니다.

그림 2-32 ● iTunes 다운로드 페이지

3.1 음량 조절

우선 음량 조절부터 시도해 보겠습니다.

아이튠즈를 실행시켜서 좋아하는 음악을 틀어 놓으시고, 시쿨리 IDE도 실행시켜 주세요.

그림 2-33 • iTunes

아이튠즈에서 음량 조절을 위해 제공하는 인터페이스에는 어떤 것들이 있는지 먼저 살펴볼까요?

- **슬라이드**
  메뉴 바로 아래에 있는 볼륨 슬라이드를 마우스로 좌우로 드래그합니다.

그림 2-34 • iTunes 음량 조절 슬라이드

- **메뉴**
  컨트롤 메뉴에서 음량 높이기와 음량 낮추기를 선택합니다. 마우스로 클릭할 수도 있고, 키보드를 사용할 수도 있습니다.

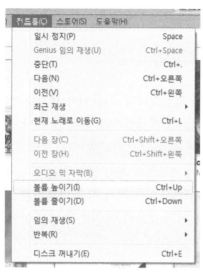

그림 2-35 ● iTunes 음량 조절 메뉴

· **단축키**

키보드에서 Ctrl + Up 또는 Ctrl + Down을 입력합니다.

위의 세 가지 방법, 아니 네 가지 방법(메뉴를 마우스나 키보드로 조작할 수 있으니까요) 중에서 시쿨리에서 구현 가능한 것은 몇 가지일까요?

정답은 고민해 보시기 바랍니다.^^; 저는 단축키를 사용하는 방법을 보여 드리겠습니다.

```
type(Key.DOWN, KeyModifier.CTRL)
```

위와 같이 하면 키보드에서 〈Ctrl〉 + 〈↓〉을 눌렀다 뗀 것과 같은 일이 일어납니다.

3.2 자장가 타이머

음악을 틀어 놓고서 잠들기 전에 소리를 줄여 주는 타이머 스크립트를 만들어 보겠습니다.

아이튠즈는 이미 켜져 있고, 음악도 틀어 두었다고 가정합니다. 시쿨리로 자동화할 부분은, 음량을 조금씩 줄여 나가다가 아이튠즈를 끄는 것까지 해 보겠습니다.

우선, 앞장에서 보았던 음량 조정하는 부분을 함수로 만들어 보겠습니다.

```
def volumeDown():
    type(Key.DOWN, KeyModifier.CTRL)
```

volumeDown() 함수를 만들어 보았습니다. 지금이야 〈Ctrl〉 키와 〈↓〉를 함께 누르면 음량이 줄어든다는 걸 기억하고 계시겠지만, 한두 달 지나고 나면 코드를 봐도 무슨 의미인지 잘 생각이 안 나실 수도 있기 때문입니다. 그리고, KeyDown()을 호출한 후에는 KeyUp()도 호출해 줘야 키보드가 계속 눌려 있는 것처럼 되지 않는다는 사실도 잊어버리실 수 있구요. 키보드를 누르는지 혹은 마우스를 쓰는지가 중요한 것이 아니라, 음량을 줄인다는 사실이 중요하기 때문에, 의미를 알기 쉬운 volumeDown이라는 이름으로 함수를 만들어 둔 것입니다.

그리고, 함수의 두 번째 줄은 첫 번째 줄보다 네 칸 들여쓰기 되어 있습니다. 시큘리에서 함수를 정의할 때에는, 이렇게 들여쓰기를 해 준 부분이 본문이 된답니다. 첫 번째 줄은 함수의 제목을 정하는 부분이 되겠네요.

그럼, 함수가 잘 동작하는지부터 테스트해 보겠습니다.

```
def volumeDown():
    type(Key.DOWN, KeyModifier.CTRL)

volumeDown()
```

위와 같이, 맨 마지막에 volumeDown()이라고 써 주시면, 위에서 정의한 volumeDown() 함수를 호출할 수 있습니다. 맨 마지막 줄의 v자를 쓰실 때는 위에서 들여쓰기했던 만큼 다시 왼쪽으로 내어서, 첫 번째 줄의 d자와 같은 자리에 오도록 맞추어 주세요.

아이튠즈에 음악을 틀어 놓고서, 위의 스크립트를 테스트해 보시기 바랍니다.

잘 되셨으면, 이제 음량을 조금씩 조금씩 줄여 주는 기능을 구현해 보겠습니다.

```
for x in range(20):
    volumeDown()
    sleep(60)
```

range() 함수는 숫자 범위를 만들어 줍니다. range(20)은 '0 이상 20 미만의 숫자 범위'라고 생각하시면 되겠습니다.

그래서 for x in range(20): 하게 되면, 0 이상 20 미만의 숫자 하나하나에 대하여 어떤 일을 수행시키겠다는 얘기가 되고, 달리 말하면 어떤 일을 20번 반복적으로 수행하겠다는 뜻도 됩니다.

그래서 위의 코드는, 볼륨을 한 단계 줄이고 나서 60초 동안 대기하는 일을 20번 수행하겠다는 의미가 됩니다.

이제 거의 다 되었습니다. 아이튠즈를 끄려면 이렇게 써 주시면 됩니다.

```
App('iTunes').close()
```

혹시 다른 창에 가려져 있더라도 잘 동작하도록 App('iTunes').focus()도 추가해 주었습니다.

전체 소스는 다음과 같습니다.

예제 2-2 **iTunesTimer.py**

```
01  def volumeDown():
02      type(Key.DOWN, KeyModifier.CTRL)
03
04  for x in range(20):
05      App('iTunes').focus()
06      volumeDown()
07      sleep(60)
08
09  App('iTunes').close()
```

Section 04

시티빌

시티빌은 페이스북 친구들과 함께 즐기는 소셜 게임입니다. 각자 자신의 도시를 건설하면서, 친구들의 도시를 방문해서 일을 도와주기도 하고, 서로 필요한 아이템을 선물하기도 하는, 단순한 것 같으면서도 여러 가지 재미가 있는 게임이지요. 시쿨리를 이용해서 시티빌을 자동으로 플레이하는 스크립트를 만들어 보면 어떨까요.

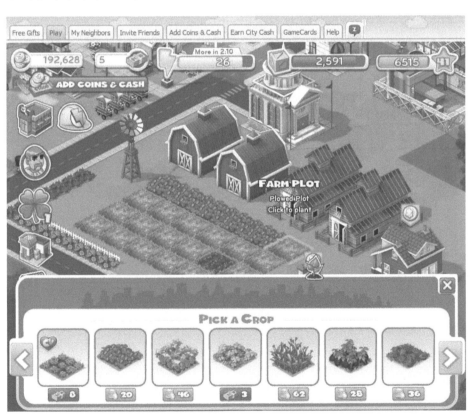

그림 2-36 ● 시티빌

4.1 집세 걷기

시티빌에서는 사람들이 사는 집(housing)에서 일정한 시간마다 집세를 받을 수 있습니다. 시간이 차서 집세를 받을 수 있는 상태가 되면 지붕 위에 동전 그림이 표시된 화살표가 화살표가 나타나지요. 이때 화살표가 가리키는 집을 클릭하면 동전이 집 주변에 떨어집니다.

그러면, 가가호호 방문하면서 집세를 걷는, 달리 말해서 동전이 그려진 화살표를 모두 찾아서 각각의 화살표가 가리키는 집을 클릭하는 시쿨리 스크립트를 작성해 보겠습니다. 이번에는 스크립트를 먼저 작성해 놓고서 그림은 나중에 캡처해 보도록 하겠습니다.

```
for house in findAll():
    click(house)
```

시쿨리 IDE를 열어서 위와 같이 치신 다음에, 첫째 줄의 괄호 사이로 이동해서 Take screenshot 단추를 누르고 이미지를 캡처하시면 됩니다. 그러면 이렇게 보이겠죠?

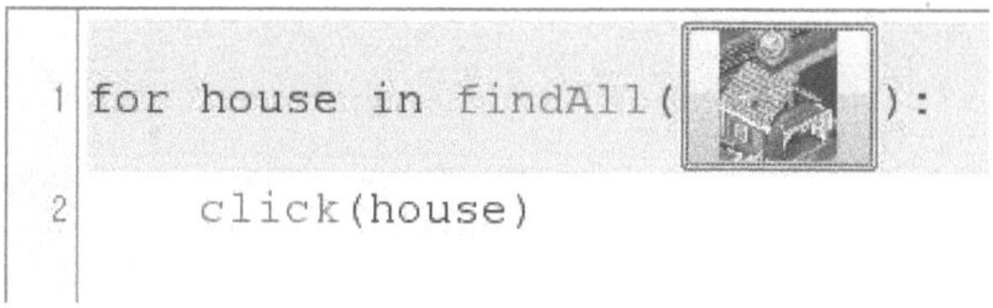

그림 2-37 ● 집세 걷기

캡처된 이미지를 눌러서 이미지 이름을 확인해 보시기 바랍니다. 시쿨리 IDE가 적당히 붙여 준 이름이 있습니다. 나중에 알아보기 쉽게 houseWithCoin과 같이 적당한 이름으로 바꾸어 주세요. 매칭 미리보기 탭도 눌러서, 적당한 이미지 패턴이 찾아지는지 확인해 보시는 것도 좋구요.

작성하셨으면 노란색의 '천천히 실행' 버튼을 눌러서 실행시켜 보시기 바랍니다.

천천히 실행

그림 2-38 ● 천천히 실행 버튼

4.2 장사하기

빵집이나 햄버거 가게와 같은 상점(businesses)에서도 돈을 벌 수 있습니다. 상점이 집(housing)과 다른 점은, 물건(goods)을 대줘야 돈을 벌 수 있다는 점입니다. 이번에는 좀 더 머리를 써서, 적게 코딩하고도 많은 일을 할 수 있도록 패턴을 지정해 보겠습니다.

그림 2-39 ● 상점(Businesses)

위의 그림과 같이, 시티빌에서 차릴 수 있는 상점의 종류는 여러 가지입니다. 이렇게 다양한 상점에서 돈을 거둬들이기 위해 각각의 이미지를 일일이 캡처하고 프로그램을 작성하는 것은 아무래도 비효율적이겠죠.

그림 2-40 ● 돈주머니

그래서 상점 하나를 통째로 캡처하는 것이 아니라, 상점 위에 있는 돈주머니만 캡처하려고 합니다. 시쿨리에서는 캡처한 패턴에 대해서 대상 위치의 X, Y 값을 지정하면 패턴의 중앙으로부터 X(왼쪽-오른쪽), Y(아래-위) 축으로 지정된 값만큼 떨어진 지점을 클릭할 수 있습니다. 이것을 이용하면 상점의 종류가 무엇이든 관계 없이 돈주머니의 아래쪽을 클릭해서 돈을 챙길 수 있겠죠. Y값을 50 정도로 지정하면 적당합니다. 50 픽셀은 캡처한 그림 크기보다도 더 크기 때문에 대상 위치 탭에서 마우스 클릭 한 번만으로 지정할 수는 없습니다. 이럴 때는 Y값 입력란에 숫자값을 직접 지정해 주시면 됩니다.

스크립트는 앞장의 집세 걷기에서와 같이 for 문을 사용하셔도 되고, 아니면 이렇게 while 문을 사용해서 작성하실 수도 있습니다.

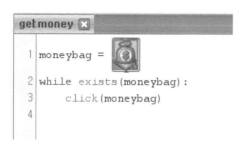

```
getmoney
1  moneybag =
2  while exists(moneybag):
3      click(moneybag)
4
```

그림 2-41 ● 돈주머니 모두 클릭

일반 텍스트 편집기로 열어 보면 아래와 같은 코드가 보이겠죠?

예제 2-3 **getmoney.py**

```
01  moneybag = Pattern("moneybag.png").targetOffset(0,50)
02  while exists(moneybag):
03      click(moneybag)
```

돈을 걸고 나면 물건을 공급해 달라고(supply) 나오는데, 그 기능도 직접 작성해 보시기 바랍니다.

4.3   딸기 농사

이번에는 시쿨리에게 농사를 맡겨 볼까 합니다.

- **plant**
  지정된 작물을 밭(plot)에 심습니다.

- **harvest**
  지정된 작물을 수확합니다.

- **gather**
  작물을 수확할 때 나오는 아이템을 챙깁니다.

- **growStrawberry**
  다 자란 딸기가 있으면 거두고, 밭에 심습니다.

```python
01  MAX_STRAWBERRY = 3
02  STRAWBERRY_COUNTER = 0
03
04  def plant(crop, reg=SCREEN):
05      plot = "farmplot.png"
06      if not reg.exists(plot):
07          result = False
08      else:
09          click(plot)
10          wait(Pattern("pick a crop.png").similar(0.80), 10)
11          click(crop)
12          click(plot)
13          wait("stop button.png", 10)
14          click("stop button.png")
15          result = True
16      return result
17
18  def harvest(crop, reg=SCREEN):
19      if not reg.exists(crop):
20          result = False
21      else:
22          position = reg.find(crop)
23          hover(position)
24          if position.nearby().exists(Pattern("sickle.png").similar(0.50)):
25              click(position)
26              sleep(3)
27              gather(position.nearby(), Pattern("dropped goods.png").similar(0.60))
28              gather(position.nearby(), Pattern("dropped star.png").similar(0.60))
29              result = True
30          else:
31              result = False
32      return result
33
34  def gather(reg, item):
35      m = reg.exists(item)
36      if m != None:
37          hover(m.getTarget())
38
```

```
39  def growStrawberry(event):
40      print('growStrawberry start')
41      global STRAWBERRY_COUNTER
42      reg = SCREEN if event == None else event.region
43      if exists("grown strawberry.png") and harvest("grown strawberry.png", reg):
44          STRAWBERRY_COUNTER = STRAWBERRY_COUNTER - 1
45          if STRAWBERRY_COUNTER < 0:
46              STRAWBERRY_COUNTER = 0
47      if STRAWBERRY_COUNTER < MAX_STRAWBERRY \
48      and plant("strawberry seed.png"):
49          STRAWBERRY_COUNTER = STRAWBERRY_COUNTER + 1
50      print(STRAWBERRY_COUNTER)
51      print('growStrawberry end')
52
53  onChange(growStrawberry)
54  observe(600)
```

- **1 ~ 2행:**

  딸기를 동시에 몇 군데까지 재배할 것인지 지정하기 위한 최대값(MAX_STRAWBERRY)과, 현재 심어져 있는 딸기 유닛 수를 기록하기 위한 카운터(STRAWBERRY_COUNTER)를 정해 두었습니다.

- **4 ~ 16행:**

  지정된 곡물을 심는 plant 함수를 정의했습니다.

- **4행:**

  함수의 첫 줄을 제목이라고 부르기도 합니다. 여기서는 어떤 작물(crop)을 심을 것인지와 화면상의 어느 영역(region)에 대해서 일을 할 것인지 지정할 수 있도록 했는데, 영역을 지정하기 위해 reg 변수를 생략할 경우를 위해 화면 전체(SCREEN)를 기본값으로 넣었습니다.

- **5 ~ 16행:**

  함수의 몸체입니다. exists()로 경작지 모양의 패턴을 찾아보고, 그 결과를 m이라고 했습니다. 찾고자 하는 패턴이 화면상에 존재하지 않으면(m == None) 함수의 결과는 False가 되고, 패턴이 존재하는 경우에는 m의 위치를 확인해서(m.getTarget()), 그곳을 클릭하도록 했습니다.

- **18 ~ 32행:**

  지정된 곡물을 수확하는 harvest 함수를 정의했습니다.

- **27 ~ 28행:**

  곡물을 수확할 때 나오는 아이템을 클릭하기 위해 gather 함수를 호출합니다.

- **34 ~ 37행:**

  지정된 아이템 위에 포인터를 올려 두는 gather 함수입니다.

- **39 ~ 51행:**

  다 자란 딸기가 있으면 거두고, 또 새로 심는 일을 합니다.

- **41행:**

  함수의 바깥에서 선언된 전역변수인 STRAWBERRY_COUNTER의 값을 변경하기 위해 global 을 명시했습니다.

- **53 ~ 54행:**

  600초(10분) 동안에, 화면에 어떤 변화가 감지되면 growStrawberry가 동작하도록 했습니다.

3 안드로이드 스크립팅

안드로이드 운영 체제는 리눅스를 기반으로 하고 있습니다. 이 장에서는 내 손 안의 작은 컴퓨터, 안드로이드 폰에 파이썬 개발 환경을 구축하고, 직접 스크립트를 작성해서 돌려 보도록 하겠습니다.

그림 3-1 ● Python for Android

안드로이드 폰에 파이썬 설치하기

안드로이드 폰에서 파이썬을 사용하기 위해서는 SL4A(Scripting Layer for Android)를 먼저 설치한 다음, Python for Android를 설치해야 합니다.

1.1 SL4A 설치

SL4A는 구글 코드의 안드로이드 스크립팅 프로젝트 페이지에서 내려받을 수 있습니다.[1]

http://code.google.com/p/android-scripting/

83

---

[1] Android 2.3.5 버전이 설치된 HTC Desire HD와 Android 4.1.2 버전이 설치된 베가 r3에서 테스트했습니다.

android-scripting

Scripting Layer for Android brings scripting languages to Android

Search projects

Project Home   Downloads   Wiki   Issues

Summary   People

Project Information

Starred by 3648 users
Project feeds

Code license
Apache License 2.0

Labels
Google, Android, Lua,
BeanShell, Scripting,
Python, Perl, JRuby, Tcl,
JavaScript, Ruby, Shell

Members
damonkoh...@gmail.com
rjmatthews62
17 contributors

Featured

Downloads
PythonForAndroid_r4.apk
beanshell_for_android_r2.apk
lua_for_android_r1.apk
perl_for_android_r1.apk
rhino_for_android_r2.apk
sl4a_r6.apk
Show all »

Wiki pages
ApiReference
FAQ
Show all »

Links

Blogs
SL4A on damonkohler.com

External links
SL4A on Ohloh
SL4A on Freshmeat
SL4A Video Help
PHP for Android
JRuby for Android

Groups
Support and Discussion
Commits

SL4A's source has moved to github. The issue tracker, wiki, and downloads will continue to be hosted here

Scripting Layer for Android (SL4A) brings scripting languages to Android by allowing you to edit and execute scripts and interactive interpreters directly on the Android device. These scripts have access to many of the APIs available to full-fledged Android applications, but with a greatly simplified interface that makes it easy to get things done

Scripts can be run interactively in a terminal, in the background, or via Locale. Python, Perl, JRuby, Lua, BeanShell, JavaScript, Tcl, and shell are currently supported, and we're planning to add more. See the SL4A Video Help playlist on YouTube for various demonstrations of SL4A's features

SL4A is designed for developers and is *alpha* quality software. Please report bugs and feature requests on the issues list You can download the current APK by scanning or clicking the following barcode

To install SL4A, you will need to enable the "Unknown sources" option in your device's "Application" settings

Still have questions? Check out the FAQ, discussion list, or join #sl4a on freenode

Want to learn more?

Start by reading "Introducing SL4A: The Scripting Layer for Android" by Pieter Greyling and "Packaging and Distributing" by Paul Ferrill. These are the intellectual property of Apress and are excerpt from the books "Practical Android Projects" and "Pro Android Python with SL4A"

You can buy "Practical Android Projects" on Amazon or directly from Apress

Apress is happy to provide 25% off the price of the "Practical Android Projects" eBook. Simply enter the special code "SL4APROJECTROCKSHLDD" upon checkout when purchasing the eBook here. Offer expires 12/30/11

You can buy "Pro Android Python with SL4A" directly from Apress

Apress is also happy to provide 25% off the price of the "Pro Android Python with SL4A" eBook. Simply enter the special code "THESL4APROJECTROCKS" upon checkout when purchasing the eBook here. Offer expires 12/30/11

What's Powered by SL4A?

Want to see SL4A in action? Check out some of these cool SL4A powered projects

Rockets

SL4A was used by the Nexus One payload for sensor logging. See the article in Make for more information about the project

그림 3-2 ● 안드로이드 스크립팅 홈페이지

다운로드 페이지에서 current downloads 중 sl4a를 검색하여 sl4a_r6.apk를 다운로드합니다. 폰에서 바로 다운로드해도 되고, PC에서 apk 파일을 받아 두었다가 USB 연결을 통해서 폰으로 옮겨서 설치하는 방법도 있습니다.

휴대폰의 바코드 스캐너 앱을 사용하여 PC의 웹 브라우저 화면에 나타난 QR 코드를 인식하여 다운로드할 수도 있습니다.

그림 3-3 ● sl4a 다운로드

SL4A를 설치하시기 전에는, 폰의 메뉴에서 설정 → 응용 프로그램으로 가셔서 '알 수 없는 소스'에 체크해 두시기 바랍니다.

미리 체크해 두지 않으셨더라도, 프로그램 설치 과정에서 확인 창이 뜨면 설정 가능합니다.

설치가 끝났으면 한번 실행시켜 볼까요?

방금 설치하신 프로그램의 이름은
SL4A(Scripting Layer for Android)입니다.

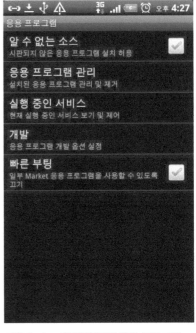

그림 3-4 ● 안드로이드폰 응용 프로그램 설정

SL4A를 실행하고 메뉴 → View →
Interpreters를 차례로 선택하시면 Shell이라
는 것이 나타납니다.

그림 3-5 ● SL4A – Interpreters

그림 3-6 ● SL4A – Shell

Shell을 선택하면 뭐가 나올까요?

이 깨알 같은 글씨는 대체 뭘까요?

그림 3-7 ● Shell 화면

아하, 이것은 바로 안드로이드 운영 체제와 대화할 수 있는 쉘이로군요.

```
$ echo hello
hello

$ date
Wed Jun  8 00:33:59 KST 2011

$ pwd
/mnt/sdcard/sl4a

$ ps android
USER      PID   PPID  VSIZE  RSS    WCHAN    PC         NAME
app_45    20612 6300  280424 82908  ffffffff 00000000 S com.android.browser
app_72    20624 6300  208620 37256  ffffffff 00000000 S com.android.vending
```

```
app_23   23030 6300   191504 19944 ffffffff 00000000 S com.google.android.yc

$ echo $PATH
/sbin:/system/sbin:/system/bin:/system/xbin
```

1.2   Python for Android 설치

메뉴 → Interpreters로 진입한 후 메뉴 → Add → Python 2.6.2를 선택하여 Python
을 다운로드합니다.

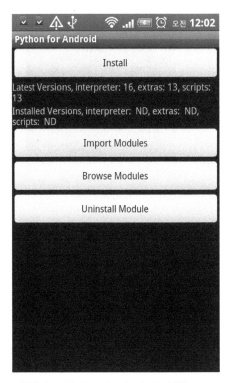

그림 3-8 ● Python for Android 설치

다운로드한 패키지 파일을 실행하면 [그림 3-8]과 같이 Install이라는 버튼만 덩그
러니 나타납니다. 버튼을 누르면 진행률 표시 막대가 나타나면서 설치가 계속됩니
다. Wi-Fi를 미리 켜 두시는 것이 좋습니다.

설치가 끝났으면 메뉴로 가셔서 SL4A를 실행
시켜 주세요.

그림 3-9 ● 파이썬 설치 – 스크립트 내려받
아 압축 풀기

짜잔~ 파이썬 스크립트들이 생겨났습니다.

그림 3-10 ● Python For Android 설치
후 SL4A 실행

안드로이드 폰에서 코딩하기

2.1   Python for Android 대화식 번역기

SL4A를 시작하셔서 메뉴 → View → Interpreters를 차례로 선택한 다음, Python 2.6.2를 실행시켜 보시기 바랍니다. 낯익은 대화식 파이썬 번역기를 보실 수 있습니다.

```
Python 2.6.2 (r262:71600, Mar 20 2011, 16:54:21)[GCC 4.4.3] on linux-armv7
Type "help", "copyright", "credits" or "license" for more information.
```

안드로이드 모듈을 가져와서,

```
>>> import android
>>> d = android.Android()
```

진동! 지이잉!

```
>>> d.vibrate()
Result(id=1, result=None, error=None)
```

말해 줘!

```
>>> d.ttsSpeak('I love you!')
Result(id=2, result=None, error=None)
```

자꾸자꾸 말해 줘!

```
>>> def say(): d.ttsSpeak('I love you!')
...
>>> say()
>>> say()
```

```
>>>
```

인증샷! 찰칵!

```
>>> d.cameraCapturePicture('/sdcard/tmp/foo.jpg')
Result(id=5, result={u'takePicture': True, u'autoFocus': True}, error=None)

>>> import os
>>> os.listdir('/sdcard/tmp')
['dropbox', 'foo.jpg']
```

아, 그런데 글씨가 너무 작죠? 폰의 볼륨 조절 버튼을 누르면 크기를 조절할 수 있습니다.

폰의 메뉴를 눌러 보시면 Force Size가 있습니다. 가로, 세로 글자 수를 조절해 보시기 바랍니다.

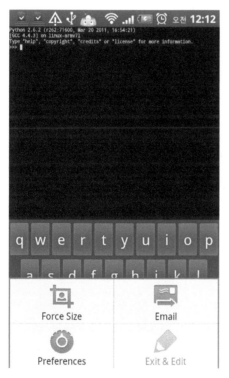

그림 3-11 ● Python for Android 대화식 번역기

대화식 번역기에서 이런 저런 테스트를 하다 보면, 화면에 출력된 내용을 저장해 두고 싶을 때가 종종 있습니다. 그럴 땐 Email 메뉴를 선택해서 메일로 보내면 편리합니다.

2.2 Python for Android에서 파이썬 스크립트 작성하기

다 살펴보셨으면 번역기에서 빠져 나와서, 파이썬 스크립트들이 보이는 초기 화면으로 돌아와 주세요. 여기서 메뉴를 누르시고 Add 단추를 터치해 보시기 바랍니다.

그림 3-12 ● Scripts 화면 메뉴

Python 2.6.2를 선택하시면 파이썬 스크립트를 새로 작성할 수 있도록 편집 화면이 나옵니다.

그림 3-13 ● 파이썬 스크립트 작성

예제 3-1	`hello_android.py`

```
01  # -*- coding: utf-8 -*-
02
03  print('안녕!' * 100)
```

파일을 편집하고 나서 메뉴를 누른 다음, Save & Run을 선택하면 실행시켜 볼 수 있습니다.

그림 3-14 ● hello_android.py 실행 결과

python™

파일과 폴더 관리

Python for Android는, 처음 설치할 때부터 예제 스크립트가 많이 들어 있다 보니 좀 어지럽죠? 필요에 따라 폴더를 만들어서 관리하면 좋을 것 같네요.

폴더를 만드는 방법은 간단합니다. SL4A의 Scripts 화면에서 메뉴를 누르고 Add를 누른 다음, Folder를 선택하고 이름을 지어 주시면 됩니다.

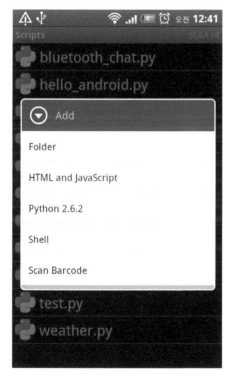

그림 3-15 ● 폴더 및 스크립트 추가하기

파일을 특정 폴더로 이동하려면 어떻게 할까요?

안드로이드 폰에서 파일을 관리해 주는 앱을 사용하실 수도 있고, 컴퓨터의 USB 포트에 연결해서 관리할 수도 있겠지만, SL4A에서 제공하는 쉘을 사용하는 방법도 있답니다.

View → Interpreters → Shell 순서로 터치해서 쉘을 실행시켜 보시기 바랍니다. 안드로이드 폰이 리눅스에 기반을 두고 있기 때문인지, SL4A에서 제공하는 명령은 PC에서 리눅스를 사용할 때와 거의 비슷합니다.

자주 쓰이는 명령을 몇 가지 살펴볼까요?

현재 위치가 궁금할 땐 pwd 명령을 사용합니다.

```
$ pwd
/mnt/sdcard/sl4a
```

책에서 달러($) 표시는 화면에 나오는 프롬프트를 뜻하는 것이니까, 여러분께서는 그냥 pwd라고 치고 〈Enter〉 키를 치시면 됩니다.

파이썬 스크립트가 있는 곳으로 이동하려면 cd 명령과 함께 경로를 써 주시구요,

```
$ cd scripts
```

아무 메시지도 나오지 않고 프롬프트가 떨어지면 정상입니다. 제대로 이동했는지는 pwd를 한 번 더 쳐 보면 알 수 있겠죠?

```
$ pwd
/mnt/sdcard/sl4a/scripts
```

현재 위치한 디렉터리 내의 파일 목록을 보려면 ls 명령을 사용하세요.

```
$ ls
weather.py
notify_weather.py
take_picture.py
...
```

좀 더 자세히 보고 싶을 때는 -l 옵션을 줄 수도 있습니다.

```
$ ls -l
----rwxr-x system    sdcard_rw      1292 2011-04-16 00:05 weather.py
----rwxr-x system    sdcard_rw       968 2011-04-16 00:05 notify_weather.py
----rwxr-x system    sdcard_rw        88 2011-04-16 00:05 take_picture.py
...
```

조금 전에 Scripts 화면에서 Add 단추를 눌러서 만들었던 폴더도 여기에 나타납니다. ls -l을 했을 때 맨 앞에 d자가 붙어 있는 것이 폴더(디렉터리)입니다.

```
d---rwxr-x system    sdcard_rw           2011-04-16 00:43 py4fun
```

그리고, 파일을 복사할 때는 cp를, 다른 위치로 옮길 때는 mv 명령을 사용합니다.

예를 들어, 현재 디렉터리 아래에 py4fun이라는 디렉터리가 있다고 하면, hello_android.py 파일을 py4fun 디렉터리로 옮길 때는 다음과 같이 이동(move)시킬 수 있습니다.

```
$ mv hello_android.py py4fun
$ cd py4fun
$ ls
hello_android.py
```

mv 명령은 파일을 옮길 때뿐만 아니라, 파일의 이름을 바꿀 때에도 사용합니다.

파일을 삭제할 때는 rm 명령을 사용하는데, 한 번 지우면 되살릴 수 없으니 조심하셔야 합니다!

그림 3-16 ● SL4A Shell

사진 찍어 트윗하기

4.1 사진 찍기

Python for Android를 설치할 때 생긴 예제들 가운데 take_picture.py를 열어 보시기 바랍니다.

예제 3-2 **take_picture.py**

```
01  import android
02
03  droid = android.Android()
04  droid.cameraCapturePicture('/sdcard/foo.jpg')
```

제목에서 알 수 있듯이, 이 스크립트는 안드로이드 폰에 내장된 카메라를 사용하여 사진을 찍어 줍니다. 찍은 사진은 SD 카드에 foo.jpg라는 이름의 이미지 파일로 저장하도록 되어 있구요.

한번 실행시켜 보시기 바랍니다. 스크립트 편집 화면에서 메뉴를 눌렀을 때는 Save & Run을 선택하시면 됩니다. 사진이 잘 찍히나요?

이제 이 스크립트를 조금 손질해서 사진을 연속으로 여러 장 찍을 수 있도록 만들어 보겠습니다.

4.2 연속 촬영

```python
01  import android, time
02
03  a = android.Android()
04
05  def pic():
06      return '/sdcard/py4fun/images/'\
07          +time.strftime('%Y%m%d%H%M%S')\
08          +'.jpg'
09
10  def say(it):
11      a.ttsSpeak(it)
12      a.makeToast(it)
13
14  food = 'Keeeemcheeeee!'
15
16  for i in range(3):
17      for j in range(3,0,-1):
18          say(str(j))
19          time.sleep(3)
20      say(food)
21      a.cameraCapturePicture(pic())
```

- **1행:**
  사진찍기와 메시지 출력, TTS(텍스트를 소리내어 읽기)를 위해 android 모듈을, sleep을 위해 time 모듈을 가져왔습니다.

- **3행:**
  프로그램에서 사용할 안드로이드 개체를 만들었습니다.

- **5 ~ 8행:**
  사진 파일을 저장할 경로를 어떤 식으로 만들 것인지 함수로 만들어 두었습니다. time. strftime을 사용해서 현재 날짜와 시간을 파일명으로 붙이기 위해서입니다. 폰의 좁은 화면에 맞추기 위해 역슬래쉬(\)를 써서 return 문을 세 줄로 늘여 썼습니다.

- **10 ~ 12행:**
  어떤 문자열이 들어 오면 그것(it)을 소리내어 읽고(ttsSpeak), 화면에도 뿌리는(makeToast) 함수입니다.

- **14행:**

  사진 찍을 때 '김치~'

- **16 ~ 21행:**

  위에서 만든 것을 모두 끌어다가 조립! 사진을 세 번 찍는데, 한 번 찍을 때마다 '쓰리, 투, 원, 킴~치~~' 하도록 만들어 보았습니다.

4.3   사진 트윗하기

이번에는 안드로이드폰으로 사진을 찍어서 바로 트윗해 주는 스크립트를 작성해 보겠습니다.

파이썬-트윗픽 API를 사용하면 어렵지 않습니다.

https://github.com/macmichael01/python-twitpic

PC에서 위의 홈페이지를 방문하셔서 설치 파일을 다운로드하신 다음, 압축 파일을 풀어서 twitpic.py 파일을 찾아보세요. 이것을 안드로이드폰의 /sdcard/com.googlecode.pythonforandroid/extras/python 디렉터리에 갖다 놓으시면 됩니다. 폰을 USB로 연결하면 탐색기에서 복사할 수 있습니다.

파일을 복사하셨으면 USB 연결을 해제하시고, SL4A에서 파이썬 번역기를 띄워서 import가 잘 되는지 확인해 보시기 바랍니다.

```
Python 2.6.2 (r262:71600, Mar 20 2011, 16:54:21)
[GCC 4.4.3] on linux-armv7l
Type "help", "copyright", "credits" or "license" for more information.
>>> import twitpic
>>> dir(twitpic)
'StringIO', 'TwitPicAPI', '__builtins__', '__doc__', '__file__', '__name__', '__package__', 'httplib', 'mimetypes', 'urlopen', 'xml']
```

이제 코딩을 할 차례입니다.

```
01  import android, twitpic, time
02
03  USER = 'pythonlab'
04  PASS = '********'
05
06  pic = '/sdcard/py4fun/images/'\
07      + time.strftime('%Y%m%d%H%M%S')\
08      + '.jpg'
09
10  droid = android.Android()
11  droid.cameraCapturePicture(pic)
12  t = twitpic.TwitPicAPI(USER, PASS)
13  t.upload(pic)
```

- **1행:**
  스크립트에서 사용할 모듈을 들여옵니다(import).

- **3 ~ 4행:**
  USER와 PASS에는 여러분의 트위터 계정을 넣어 주세요. 혹시 팔로워들에게 불편을 끼치게
  될 수도 있으니 테스트를 위한 계정을 따로 만드는 것도 좋을 것입니다.

- **6 ~ 8행:**
  사진을 여러 번 찍더라도 파일명이 이전에 찍은 것과 겹치지 않도록 하기 위해서 '년월일시분
  초.jpg'로 규칙을 정했습니다.

- **10 ~ 13행:**
  사진을 찍어서 트윗픽에 전송합니다.

그럼 즐트윗하세요~

위치 정보를 트윗하는 방법도 있습니다. 참고하세요.

http://www.linuxplanet.com/linuxplanet/tutorials/7166/2

단어장

영어 단어를 무작위로 골라서 보여주는 간단한 프로그램을 만들어 보았습니다. 파이썬 스크립트 한 개와 데이터 파일 한 개로 이루어집니다.

- **wordlist.txt:**
  영어 단어를 일반 텍스트 형식으로 기록한 데이터 파일입니다. ESL(외국어로서의 영어)을 공부하는 학생들을 위해 만들어진 사이트인 www.manythings.org에서 구한 자료인데, Ogden이라는 사람이 정리해 놓은 기초 영어 단어 850개를 담고 있습니다.

- **wordlist.py:**
  wordlist.txt에서 데이터 파일을 읽어 들여서, 아무 단어나 하나씩 골라 보여주는 파이썬 스크립트입니다.

그럼 데이터 파일부터 살펴보겠습니다. 아주 간단합니다.

예제 3-5	**wordlist.txt**

```
01  # Ogden's Basic English Word List (850 Words)
02  # http://www.manythings.org/vocabulary/lists/l/words.php?f=ogden
03
04  a
05  able
06  about
07  account
08  acid
09  across
10  act
11  addition
12  ...
```

처음 두 줄에는 제목과 출처를 적어 주었고 그 아래 한 줄을 띄운 다음, 4번째 줄의 a부터 마지막 줄 young까지 영어 단어를 적었습니다.

파이썬 스크립트도 살펴보겠습니다.

예제 3-6 `wordlist.py`

```
01  import os, random
02
03  dir = 'scripts/py4fun/' if os.getcwd().find('sl4a') > 0 else ''
04  txt = open(dir + 'wordlist.txt').read()
05  words = filter(lambda x: len(x) > 0 and not x.startswith('#'), txt.splitlines())
06
07  while True:
08      print(random.choice(words))
09      raw_input()
```

- **3행:**
데이터 파일이 있는 디렉터리를 지정합니다. 안드로이드 폰에서 실행시켰더니 경로를 잘못 찾는 문제가 있길래, `if` 문을 사용해서 getcwd로 알아낸 현재 경로가 sl4a라는 디렉터리이면 (즉, 안드로이드 폰에서 실행되고 있으면) 경로를 지정해 주도록 했습니다.[2]

- **4행:**
데이터 파일을 열어서(open) 읽습니다(read).

- **5행:**
850개의 단어를 담고 있는 문자열을 한 줄 한 줄 쪼개서(splitlines) 목록으로 만듭니다. 단, 아무 내용도 없거나 # 문자로 시작하는 설명 부분은 자료로서 가치가 없기 때문에 체(filter)를 써서 걸러 내도록 했습니다.

한 줄로 쓴 것을 세 줄로 늘려서 이렇게 표현할 수도 있을 것입니다.

```
fnc = lambda x: len(x) > 0 and not x.startswith('#')
lst = txt.splitlines()
words = filter(fnc, lst)
```

여기서 쓰인 람다(lambda) 함수는 간단한 함수를 한 줄로 줄여 줍니다. 처음 보기에는 좀 어렵게 느껴질 수도 있지만, 코딩하기에도 편하고, map이나 filter와 같은 함수와도 잘 어울려서 매력이 있습니다.

---

2 코딩하다가 궁금한 점이 있을 때 대화식 번역기를 활용해서 간단하게 테스트해 보실 수 있습니다.
```
>>> import os
>>> os.getcwd()
'/mnt/sdcard/sl4a'
```

단어를 하나 보여주고 나서 사용자의 입력을 기다리는 일을 무한히 반복하도록 했습니다. 끄고 싶을 때는 폰의 돌아가기 또는 컴퓨터의 〈Ctrl〉 + 〈C〉를 누르거나 창을 닫아 버리면 됩니다.

이 스크립트는 안드로이드 폰에서 바로 코딩하지는 않고, 컴퓨터에서 스크립트를 먼저 짜서 테스트해 본 다음에 폰으로 옮겨 보았습니다.

안드로이드폰을 컴퓨터에 연결하고 USB 드라이브로 인식시킨 다음, 스크립트와 데이터 파일을 안드로이드 폰의 /sdcard/sl4a/scripts 폴더로 복사하고 실행시켜 보시기 바랍니다.[3]

그런데, 단어장에서 단어를 보여주기만 하는 것보다, 단어를 읽어 주기까지 하면 더 좋지 않을까요? Python for Android를 설치할 때 딸려온 예제들 중에 say_time.py 를 한번 살펴보시기 바랍니다.

3 PC와 USB로 연결하여 작업할 때, SL4A에서 서버를 띄우는 방법도 있습니다. http://wikidocs.net/read/1737

휴대용 웹 서버

SL4A를 이용하면 웹 서버도 손쉽게 만들 수 있습니다.

Rusty의 블로그(http://www.beresourceful.net/~rusty/blog/2009/09/gleaning-your-ip-address/)에 소개된 내용으로, SL4A 자습서 목록(http://code.google.com/p/android-scripting/wiki/Tutorials)에도 '자신의 IP 주소를 알아내는 방법(How to get your own IP address)'이라는 제목으로 링크되어 있습니다.

SL4A를 실행시키고, 폰의 메뉴를 띄워서 아래의 httpd.py 스크립트를 추가(Add)해 보시기 바랍니다.

예제 3-7   **httpd.py**

```
01  import SimpleHTTPServer
02  from os import chdir
03
04  chdir('/sdcard/')
05
06  SimpleHTTPServer.test()
```

이 스크립트를 실행하면 Serving HTTP on 0.0.0.0 port 8000이라는 메시지가 보일 것입니다.

이제 폰의 웹 브라우저를 띄워서 http://127.0.0.1:8000/을 열어 보세요.

http://127.0.0.1:8000/

Directory listing for /

- .adobe-digital-editions/
- .android_secure/
- .bookmark_thumb1/
- .cyworld_cache/
- .data/
- .DualFM_thumbnails/
- .quickoffice/
- Android/
- bugreports/
- CARD_TAXT/
- com.googlecode.pythonforandroid/
- data/
- DCIM/
- download/
- downloads/
- dropbox/
- JS503772922_logs.zip
- LOST.DIR/
- media/
- My Documents/
- mypeople/
- NPKI/
- olleh_market/
- ollehnavi/
- py4fun/
- r2_Images/
- rosie_scroll/
- sl4a/
- SSP/
- tmp/
- UC/
- Vcard/
- e.ㅔㅣ ¡Ṧ̩́ ́ ́¨ ́e⁵ᴴ€ ɾÆÆⅠ¼.zip
- ¡·œé¼.jpg

그림 3-17 ● 로컬에서 HTTP 서버에 접속

그렇습니다. 지금 여러분의 안드로이드 폰은 HTTP 서버로 동작하고 있습니다. 집이나 회사, 학교 등의 무선 AP에 접속 중이라면, 같은 망에 있는 다른 장치에서도 접속할 수 있습니다.

SL4A 메뉴의 Interpreters → Shell을 선택하여 쉘을 띄운 다음, netcfg를 실행시켜보세요.

```
$ netcfg
lo       UP     127.0.0.1       255.0.0.0          0x00000049
dummy0   DOWN   0.0.0.0         0.0.0.0            0x00000082
rmnet0   DOWN   10.239.162.73   255.255.255.252    0x00001002
rmnet1   DOWN   0.0.0.0         0.0.0.0            0x00001002
rmnet2   DOWN   0.0.0.0         0.0.0.0            0x00001002
usb0     DOWN   0.0.0.0         0.0.0.0            0x00001002
sit0     DOWN   0.0.0.0         0.0.0.0            0x00000080
ip6tnl0  DOWN   0.0.0.0         0.0.0.0            0x00000080
eth0     UP     192.168.0.125   255.255.255.0      0x00001043
```

맨 아랫줄에 eth0이라는 어댑터가 올라와 있는(UP) 것을 볼 수 있습니다. 그 옆에, 바로 우리가 찾던 IP가 보입니다. 예에서는 192.168.0.125이지만, 여러분의 폰은 다른 주소를 갖고 있을 것입니다.

이제 폰의 IP 주소를 알아냈으니 다른 장치에서도 접속할 수 있습니다. 컴퓨터나 다른 스마트폰 등에서 웹 브라우저를 실행시켜서 해당 IP 주소를 열어 보세요. 이때, 포트(port) 번호도 지정해 주셔야 합니다.

http://192.168.0.125:8000/

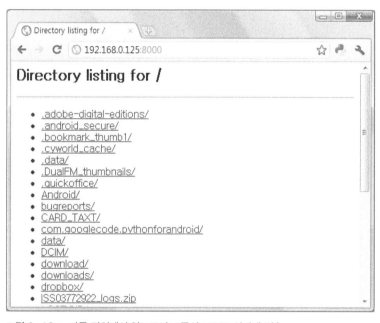

그림 3-18 ● 다른 장치에서 안드로이드 폰의 HTTP 서버에 접속

4 파이썬

이제 파이썬을 좀 더 살펴보고 싶은 마음이 드셨으리라 생각합니다. 이 장에서는 파이썬 2와 파이썬 3의 차이점을 간략히 살펴보고, 텍스트 파일을 다루는 방법이라든지, 내장 함수나 자료 구조와 같은 파이썬의 기본 기능을 조금 더 알아보려고 합니다. 다음 장에서 소개해 드릴 여러 가지 파이썬 꾸러미들을 잘 활용하기 위해서는 파이썬의 기본 기능을 잘 알고 계시면 좋습니다. 1장에서 PC에설치한 파이썬 개발 도구를 다시 열어서 차근차근 살펴보도록 할까요?

루저(파이썬 2와 파이썬 3)

파이썬은 지금으로부터 30년이 넘는 긴 역사를 가지고 있고, 2.0 버전이 나온 것도 2000년도였습니다. 3.0 버전은 그로부터 8년이 지나서 나왔습니다.[1]

파이썬 3에 들어서, 기존의 파이썬 2와는 문법이 약간 달라진 부분이 있습니다. 파이썬 2를 위해 만들어진 모듈 중 많은 부분이 파이선 3을 지원하기 위해 수정되었습니다.

1.1　Python2와 Python3 코드

다음은 사용자에게 키를 입력 받아서 180 센티미터 미만이면 '루저'라고 약올리는 스크립트입니다. :−) 똑같은 프로그램을 파이썬 2와 파이썬 3 버전으로 각각 작성해서 비교해 보겠습니다.[2]

예제 4-1	`loser_python2.py`

```
01  #!/usr/bin/env python2
02  # -*- coding: cp949 -*-
03
04  height = int(raw_input('키가 몇이세요?: '))
05  if height < 180:
06      while True:
07          print '루저!'
08          print('루우저!')
```

---

1 http://en.wikipedia.org/wiki/History_of_Python
2 저도 키가 180 센티미터가 안 됩니다. 웃자고 하는 얘기예요.

예제 4-2   `loser_python3.py`

```
01  #!/usr/bin/env python3
02
03  키 = int(input('키가 몇이세요?: '))
04  if 키 < 180:
05      while True:
06          print('루저!')
07          print('루우저!')
```

파이썬 2 용 파일은 저장할 때 인코딩을 ANSI로 지정해서 저장했고, 파이썬 3 용 파일은 UTF-8로 지정하였습니다.

1.2   편집기에서 파일 비교

스크립트 내용도 몇 군데가 바뀌었는데, 어디 어디가 바뀌었을까요?

이번 기회에 텍스트를 자동으로 비교해 주는 도구를 한번 사용해 보시는 것도 좋을 것입니다. 노트패드++라든지 이클립스 같은 편집기에도 포함되어 있고, 유닉스/리눅스 운영 체제에서 제공하는 diff를 사용하셔도 됩니다.

노트패드++에서 파일 비교를 하려면 Plugin Manager에서 Compare 플러그인을 설치합니다.

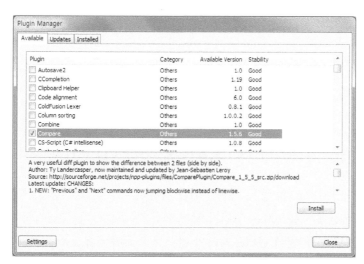

그림 4-1 ● 노트패드++의 플러그인 매니저

Compare 플러그인이 설치된 후에는, 두 파일을 열어 놓은 채로 메뉴에서 플러그인 → Compare → Compare를 선택하여 비교할 수 있습니다.

그림 4-2 ● 노트패드++에서 파일 비교

파이썬 3에서는,

- 모든 문자열을 유니코드로 처리합니다.

- 변수명에 한글을 사용할 수도 있습니다(권장하지는 않습니다).

- print 문은 없어지고 print() 함수만 사용할 수 있습니다.

- raw_input()은 없어지고 input()을 사용합니다.

1.3 shebang line과 Windows 용 Python 런처

Python2와 Python3의 양쪽 버전을 함께 사용하다 보면, 작성한 스크립트가 Python 의 어느 버전에서 동작하는 것인지 알기 힘들 수 있습니다. 유닉스와 리눅스 등에서 는 스크립트의 첫 행에 인터프리터의 경로를 기록하는 shebang line이라는 것이 있어 구별이 되지만, Windows 운영 체제에서는 쉽지 않은 문제였습니다.

이런 불편을 덜기 위해 Windows 용 Python launcher라는 것이 나왔습니다. 앞의 루저 예제와 같이, 스크립트의 첫 행에 Python 버전을 지정하는 shebang line을 기록하고, 실행시킬 때에는 py.exe를 사용합니다.

첫 행에 #!python3라고 되어 있으면 py.exe는 그 스크립트가 Python3를 위해 작성된 것으로 판단하고 Python3 인터프리터를 실행시킵니다. 마찬가지로 첫 행에 #!python2라고 되어 있으면 Python2 인터프리터가 실행됩니다. shebang line이 없거나 버전이 지정되지 않은 경우에는 디폴트로 정해진 버전(현재는 Python2)이 실행됩니다.

따라서, 앞에서 작성한 loser_python2.py와 loser_python3.py는 각각 다음과 같이 실행할 수 있습니다.

```
> py loser_python2.py
```

```
> py loser_python3.py
```

그리고, 파이썬 쉘을 실행시킬 때에도 py -2 또는 py -3과 같이 편리하게 버전을 선택할 수 있습니다.

Python 런처에 대한 자세한 내용은 다음 주소의 문서를 참고하기 바랍니다.

http://docs.python.org/dev/using/windows.html#python-launcher-for-windows

영화 출연진 집합

영화 정보 사이트인 IMDB에서 클린트 이스트우드 감독의 영화 가운데 세 편에 각
각 출연한 배우를 찾아보았습니다.

http://www.imdb.com/

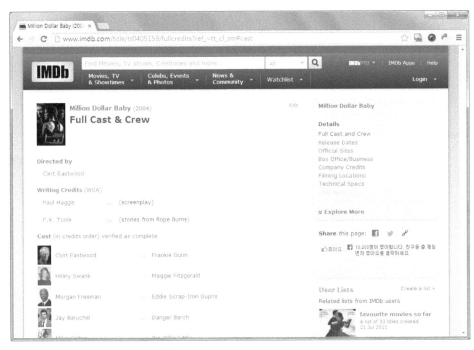

그림 4-3 ● IMDB(영화 정보 사이트)

찾아본 영화는 밀리언 달러 베이비(2004년), 체인질링(2008년), 그란 토리노(2008
년)입니다. 각각의 출연진 목록을 영화의 제목을 따라 Million Dollar Baby.txt,
Changeling.txt, Gran Torino.txt로 이름을 붙인 텍스트 파일에 저장했습니다. 인명

에는 다양한 문자가 섞여 있으므로, IDLE에서 편집하거나 일반 텍스트 편집기에서는 파일을 저장할 때 UTF-8 형식(BOM 없음)을 지정합니다.

그림 4-4 ● Million Dollar Baby.txt

먼저, 세 개의 파일 중에 Million Dollar Baby.txt 파일을 가지고 밀리언 달러 베이비에 출연한 배우의 집합(set)을 만들어 보겠습니다.

```
>>> mdb_file = open('C:/ifbook_python3/movie/Million Dollar Baby.txt',
        encoding='utf-8')
>>> mdb = set(line.strip() for line in mdb_file)
```

UTF-8 형식으로 작성된(encoding 인자) Million Dollar Baby.txt 파일을 열어서(open 함수), 그 안의(in 키워드) 각 행에 대하여(for 키워드) 줄넘김 문자를 벗겨 낸(strip 메서드) 목록을 가지고 집합(set 형)을 만들고, 그 이름은 mdb라고 지었습니다.

strip 메서드는 문자열의 앞뒤에 붙은 공백을 제거해 줍니다.

```
>>> s = ['a', '\tb', 'c\n', 'd e']
>>> for x in s:
...     print(x)
...
a
        b
c

d e
>>> for x in s:
...     print(x.strip())
...
a
b
c
d e
```

이 집합에는 몇 명이나 모여 있을까요?

```
>>> len(mdb)
65
```

네, 65명 집합했습니다!

```
>>> mdb
{'Riki Lindhome', 'Michael Saglimbeni', 'Adolfo Jimenez', "Brían F.
O'Byrne", 'Dean Familton', 'Spice Williams-Crosby', 'Mike Colter',
'Naveen', 'Susan Krebs', 'Marty Sammon', 'Eddie Bates', 'Ray Corona',
'Mark Thomason', 'McKay Stewart', "Sean O'Kane", '\ufeffClint
Eastwood', 'Lucia Rijker', 'Erica Grant', 'Ted Grossman', 'Jay
Baruchel', 'Rob Maron', 'Louis Moret', 'V.J. Foster', 'Ming Lo',
'Guillermo Jorge', 'Marco Rodríguez', 'Tom McCleister', 'Bruce Gerard
Brown Jr.', 'Don Familton', 'Steven M. Porter', 'Kirsten Berman',
'Jim Cantafio', 'Nina Avetisova', 'Benito Martinez', 'Michael Bentt',
'Brian T. Finney', 'Ricky Pak', 'Morgan Freeman', 'David Powledge',
'Marcus Chait', 'Sunshine Chantal Parkman', 'Vladimir Rajcic', 'Jon D.
Schorle II', 'Ned Eisenberg', 'Roy Nugent', "Marc De'Antone", 'Anthony
Mackie', 'Kimberly Estrada', 'Sean LoGrasso', 'Bruce MacVittie',
'Margo Martindale', 'Robert McMurrer', 'Kim Strauss', 'Morgan
Eastwood', 'Jude Ciccolella', 'Jason Williams', "Joe D'Angerio",
'Hilary Swank', 'Christopher Gilbertson', 'Michael Peña', 'Jaerin
```

Washington', 'Kim Dannenberg', 'Miguel Pérez', 'Jamison Yang', 'Jimmy Alioto'}

이번에는 그란 토리노에 출연한 배우를 모아 보겠습니다. os 모듈의 chdir 함수를 이용하여 텍스트 파일이 있는 위치로 이동한 다음, 파일을 읽습니다.

```
>>> import os
>>> os.getcwd()
'C:\\Python33'
>>> os.chdir('C:/ifbook_python3/movie/')
>>> os.getcwd()
'C:\\ifbook_python3\\movie'
>>> gt = set(line.strip() for line in open('Gran Torino.txt',
encoding='utf-8'))
```

다음으로, 체인질링 출연진의 집합 c도 만들어 보시기 바랍니다.

이제 mdb, gt, c, 이렇게 세 개의 집합이 준비되었습니다. 자, 밀리언 달러 베이비에도 출연하고 체인질링에도 출연한 배우의 집합을 구해 보겠습니다.

```
>>> mdb.intersection(c)
{'Riki Lindhome', 'Jim Cantafio', 'Michael Saglimbeni', 'Morgan
Eastwood', 'Erica Grant'}
```

그러면 체인질링에도 출연하고, 밀리언 달러 베이비에도 출연한 배우는?

```
>>> c.intersection(mdb)
{'Riki Lindhome', 'Jim Cantafio', 'Michael Saglimbeni', 'Morgan
Eastwood', 'Erica Grant'}
```

교집합(intersection)을 구하는 것이므로 순서를 달리 하더라도 같은 결과가 나옵니다.

이번에는 세 영화에 출연한 배우들 전체의 집합, 즉 합집합(union)을 구해 보겠습니다.

```
>>> all = mdb.union(c).union(gt)
```

집합에서는 원소가 중복되지 않습니다. 두 작품 이상 출연한 배우는 위의 합집합에서 한 번만 나타나기 때문에, 합집합의 크기를 구해 보면 각각의 작품에 출연한 배우의 수를 더한 것보다는 적은 수가 됩니다.

```
>>> len(all)
232
>>> len(mdb) + len(c) + len(gt)
239
```

합집합 all에서 이름이 'Morgan'인 배우를 찾아 보겠습니다.

```
>>> [cast for cast in all if cast.startswith('Morgan')]
'Morgan Freeman', 'Morgan Eastwood']
```

성이 'Eastwood'인 사람도 세 명 찾았습니다.

```
>>> [cast for cast in all if cast.split()[-1] == 'Eastwood']
'Scott Eastwood', 'Morgan Eastwood', 'Clint Eastwood']
```

Section 03

스페인어로 숫자 읽기

아라비아 숫자를 스페인어로 읽는 프로그램을 만들어 보겠습니다. 한번 살펴보시고 숫자를 한글이나 영어, 혹은 다른 외국어로 읽는 프로그램을 직접 만들어 보시기 바랍니다.

3.1 스페인어로 숫자 읽기(1부터 5까지)

우선 1부터 5까지만 만들어 보겠습니다.

예제 4-3   **spanish_numbers_1to5.py**

```
01  number = int(input('숫자를 입력하세요: '))
02
03  if number == 1:
04      spanish = 'uno'
05  elif number == 2:
06      spanish = 'dos'
07  elif number == 3:
08      spanish = 'tres'
09  elif number == 4:
10      spanish = 'cuatro'
11  elif number == 5:
12      spanish = 'cinco'
13  else:
14      spanish = ''
15
16  print(spanish)
```

- **1행:**

  사용자에게 '숫자를 입력하세요:'라는 메시지를 보이고, 입력하는 숫자를 number의 값으로 삼습니다. input()으로 얻어 내는 값은 문자열 형식이므로 int로 변환하였습니다. 예를 들어, 사용자가 키보드에서 3을 누르면 input의 결과로 '3'이라는 문자열이 얻어지고, 그것을 다시 숫자 3으로 바꿔서, 결국 number는 3이 됩니다.

- **3 ~ 14행:**

  위에서 얻은 숫자 값이 1인지, 2인지, ... , 혹은 5인지 하나하나 비교해서 그에 맞는 스페인어 단어를 찾는 부분입니다. 하나하나 치기가 좀 귀찮으실 텐데, 이 부분을 좀 더 편리하고 깔끔하게 처리하는 방법은 곧 알려 드리겠습니다.

- **16행:**

  if 문에서 찾은 값을 화면에 출력해 줍니다.

자, 대충 이해하셨으면(이해 안 되는 부분이 있더라도) 한번 따라서 만들어 보시기 바랍니다. 윈도우즈 메뉴에서 Python 3.3 → IDLE(Python GUI)를 선택하여 IDLE 를 실행시킨 다음, File → New Window 메뉴를 선택하여 편집기에서 작성합니다.

IDLE를 사용하지 않고 메모장 또는 즐겨 쓰는 다른 편집기를 사용하셔도 좋습니다. 이때에는, 파일을 저장할 때 인코딩을 UTF-8로 지정해 주셔야 합니다. 메모장이라면 메뉴에서 파일 – 다른 이름으로 저장하셔서 인코딩을 지정해 주세요.

그림 4-5 ● 메모장에서 인코딩 지정하기

노트패드++를 쓰고 계시다면 메뉴에서 부호화 → 'UTF-8 인코딩'을 선택하시거나, 이미 입력한 한글이 있을 경우에는 'UTF-8 형식으로 변환'을 선택하시기 바랍니다.

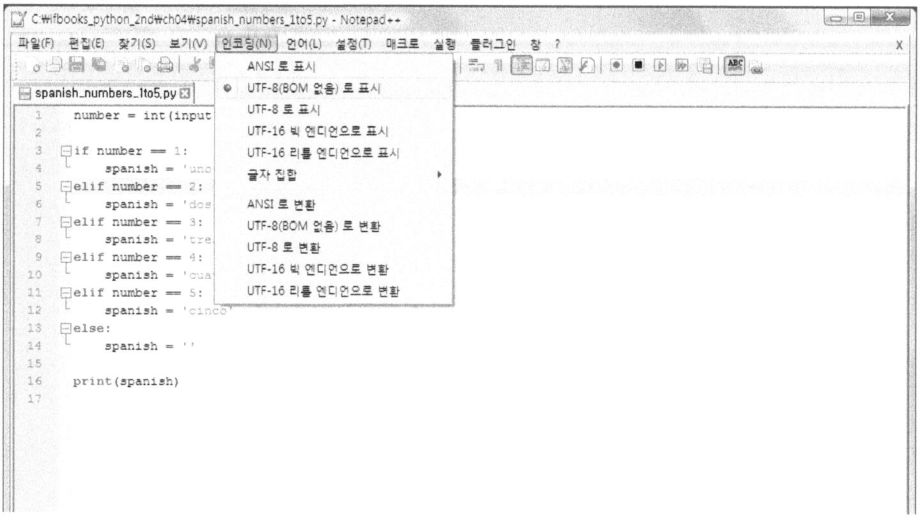

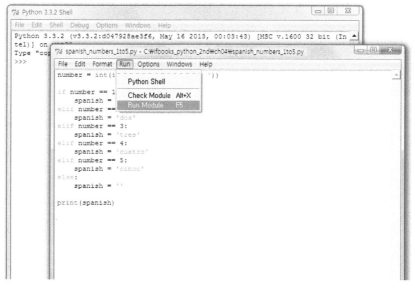

그림 4-6 ● 노트패드++에서 인코딩 지정하기

다 작성하셨으면 실행시켜 보겠습니다.

시작 메뉴에서 Python 3.3 → IDLE(Python GUI)를 실행시키시고 메뉴에서 File →
Open 하셔서 파일을 열어 주세요. 창이 새로 뜨면, 메뉴에서 Run → Run Module을
선택하시거나 키보드에서 F5를 눌러서 실행시키시면 됩니다.

그림 4-7 ● IDLE에서 스크립트 실행하기

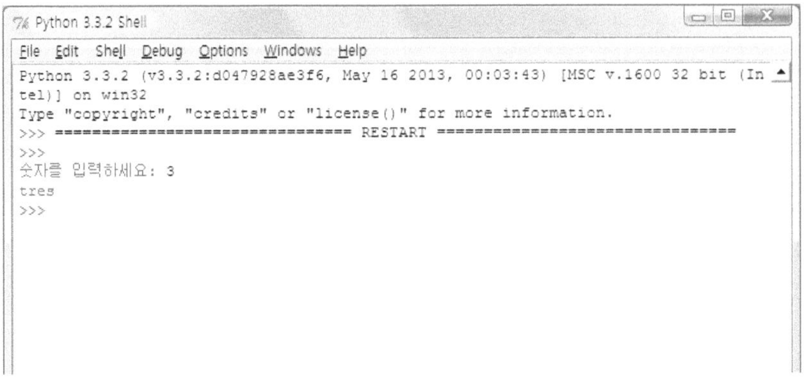

그림 4-8 ● 스페인어로 숫자 읽기 실행 결과

3.2 스페인어로 숫자 읽기(0부터 100까지)

앞에서는 1부터 5까지의 숫자를 스페인어로 읽을 수 있는 프로그램을 작성해 보았는데, 이번에는 100까지 읽을 수 있도록 개선해 보려고 합니다. 프로그램을 짜기 전에, 스페인어로 숫자 읽는 규칙을 잠깐 살펴보겠습니다.[3]

- 0부터 29까지는 정해진 단어를 그대로 읽는다.
  예: 3(tres), 16(dieciséis), 29(veintinueve)

- 30부터 100까지, 10의 배수는 정해진 단어를 그대로 읽는다.
  예: 40(cuarenta), 80(ochenta)

- 그 외의 숫자는 10자리 + y + 1자리 숫자로 읽는다.
  예: 43(cuarenta y tres), 86(ochenta y seis)

단어를 외우기는 힘들지만 규칙만 따져보면 의외로 간단합니다. 정해진 단어는 그대로 읽고, 그 외에는 y('그리고'라는 뜻) 앞뒤로 맞는 단어를 써 주면 됩니다.

그래서 코드를 이렇게 짜 보았습니다.

3 스페인어 숫자 읽기, http://latino.tistory.com/137

```
01  number_dict = {
02      0: 'cero',
03      1: 'uno',
04      2: 'dos',
05      3: 'tres',
06      4: 'cuatro',
07      5: 'cinco',
08      6: 'seis',
09      7: 'siete',
10      8: 'ocho',
11      9: 'nueve',
12      10: 'diez',
13      11: 'once',
14      12: 'doce',
15      13: 'trece',
16      14: 'catorce',
17      15: 'quince',
18      16: 'dieciséis',
19      17: 'diecisiete',
20      18: 'dieciocho',
21      19: 'diecinueve',
22      20: 'veinte',
23      21: 'veintiuno',
24      22: 'veintidós',
25      23: 'veintitrés',
26      24: 'veinticuatro',
27      25: 'veinticinco',
28      26: 'veintiséis',
29      27: 'veintisiete',
30      28: 'veintiocho',
31      29: 'veintinueve',
32      30: 'treinta',
33      40: 'cuarenta',
34      50: 'cincuenta',
35      60: 'sesenta',
36      70: 'setenta',
37      80: 'ochenta',
38      90: 'noventa',
39      100: 'cien'
40      }
```

```
41
42  number = int(input('숫자를 입력하세요: '))
43  if number > 100:
44      print('1부터 100까지만요.')
45  else:
46      if number in number_dict:
47          spanish = number_dict[number]
48      else:
49          n1 = number % 10
50          n2 = (number // 10) * 10
51          spanish = '%s y %s' % (number_dict[n2], number_dict[n1])
52      print(spanish)
```

간단하죠? 지난 번처럼 if, else로 숫자 하나하나를 판단하도록 만들었으면 코드가 별로 멋있지도 않고, 너무 길어서 읽기도 힘들었을 거예요. number_dict라는 사전을 만들었더니 보시는 것처럼 코드가 깔끔해졌습니다.

혹시나 해서 찾아봤더니 이런 프로젝트도 있습니다.

Convert Numbers to Words (Python)

http://sourceforge.net/projects/pynum2word/

모듈

4.1 뭉치(모듈)

우리가 복잡한 프로그램을 작성하기 위해서 필요한 모든 과정을 직접 만들어야 한다면 어떤 모습이 될까요? 전체적인 모습에서부터 작은 기능 하나하나까지 모두 구상해서 만들고, 오류를 수정해서 한 곳에 모아 두면 또 오류가 생기고 더구나, 또 다른 프로그래머는 나와 비슷한 기능을 하는 프로그램을 만들면서 똑같은 시행 착오를 답습할 테구요.

그래서, 이런 문제를 해결하기 위해 모든 프로그래밍 언어들은 모듈 개념을 사용합니다. 예를 들어, 만약 작성할 프로그램에 수학적인 계산 기능이 필요하다면 math라는 뭉치를 불러와서 사용하시면 됩니다.

```
>>> import math          # math 뭉치를 불러온다.
>>> math.pi              # math 뭉치에 정의된 변수 pi의 값은?
3.141592653589793
```

위에서는 수학적인 계산에 필요한 것들을 모아둔 math 뭉치를 불러온 다음, math 뭉치에 정의되어 있는 pi 변수를 사용했습니다. pi는 원주율을 뜻합니다.

이번에는 달력을 불러 볼까요? 딱 두 줄만 치면 됩니다.

```
>>> import calendar
>>> calendar.prmonth(2014, 1)
    January 2014
Mo Tu We Th Fr Sa Su
       1  2  3  4  5
 6  7  8  9 10 11 12
13 14 15 16 17 18 19
20 21 22 23 24 25 26
27 28 29 30 31
```

훌륭하죠? 이번에는 더욱 훌륭한 것을 보여 드리겠습니다.

```
>>> from tkinter import *          # Python 2에서는 Tkinter
>>> widget = Label(None, text='Hello, Tk!')
>>> widget.pack()
```

그림 4-9 ● Hello, Tk!

이번 달 달력을 보여주는 예제입니다.

예제 4-5	tk_calendar.py

```
01  from datetime import date
02  from tkinter import *
03  import calendar
04
05  t = date.today()
06  m = calendar.month(t.year, t.month)[:-1]
07  f = 'Courier New', 10
08  w = Label(None, text=m, font=f, justify=LEFT)
09  w.pack()
10
11  mainloop()
```

```
7% tk
    November 2013
Mo Tu We Th Fr Sa Su
             1  2  3
 4  5  6  7  8  9 10
11 12 13 14 15 16 17
18 19 20 21 22 23 24
25 26 27 28 29 30
```

그림 4-10 ● tkinter로 달력 표시

이렇게 파이썬에서는 좋은 기능들을 뭉치로 묶어서 자체적으로 제공해 준답니다. 파이썬뿐만 아니라 대부분의 언어에서 이런 식으로 프로그래밍을 편리하게 할 수 있도록 지원해 줍니다.

여러 가지 뭉치를 잘 들여다 보면 배울 것이 많이 있겠죠?

4.2 모듈 들여오기

import를 사용하면 모듈을 불러올 수 있습니다. '수입하다'라는 뜻의 import라는 단어가 컴퓨터 분야에서는 다른 프로그램으로부터 데이터를 '가져오는' 것을 뜻합니다.

import에도 두 가지 방법이 있습니다.

```
import 뭉치
from 뭉치 import 변수나 함수
```

첫 번째 방법은 뭉치 전체를 가져오는 것이고, 두 번째 방법은 뭉치 내에서 필요한 것만 콕 찍어서 가져오는 방법입니다. 두 가지 방법을 비교해 보기 위해 tkinter(티케이 인터) 뭉치를 두 가지 방법으로 사용해 보겠습니다.[4]

```
>>> import tkinter          # Python 2에서는 Tkinter
>>> tkinter.widget = tkinter.Label(None, text='I love Python!')
>>> tkinter.widget.pack()
```

첫 번째 방법으로 뭉치를 불러오면 뭉치 내의 변수를 사용하기 위해서는 '뭉치.변수'의 형식으로 써 주어야 합니다. 매번 써 주려면 좀 번거롭겠죠?

```
>>> from tkinter import *
>>> widget = Label(None, text='I love Python!')
>>> widget.pack()
```

두 번째 방법은 뭉치 내의 이름을 콕 찍어서 가져오는 방법인데, 여기서는 import * 라고 써서 전부 다 가져왔습니다. 이렇게 하면 좀 더 편리합니다.

하지만 마냥 좋기만 한 방법은 아닙니다. 아래의 예에서 볼 수 있듯이, Label이라는 변수를 정의했다가 tkinter의 Label이 덮어써버리는 것과 같은 경우가 생길 수도 있기 때문입니다.

```
>>> Label = 'This is a Label'
>>> from tkinter import *
>>> Label
<class 'tkinter.Label'>
```

---

4 이 예제를 실행하려면, 파이썬 설치 시에 Tcl/Tk를 제외하지 않아야 합니다.

불러온 모듈이 필요 없을 때는 다음과 같이 지워 주시면 됩니다.

```
del 모듈
```

한 번 import한 모듈을 다시 불러올 수도 있습니다. 그 때는 아래와 같이 imp 모듈의 reload 함수를 사용합니다.[5]

```
>>> import imp
>>> imp.reload(tkinter)
<module 'tkinter' from 'C:\\Python33\\lib\\tkinter\\__init__.py'>
```

4.3   여러 가지 모듈

파이썬에서 기본적으로 제공하는 수많은 모듈 중에서 자주 쓰이는 것, 몇 가지를 소개해 드리려고 합니다.

4.3.1 sys

sys 모듈은 파이썬 인터프리터를 제어할 수 있는 방법을 제공합니다.

파이썬 인터프리터를 띄워 주세요. 인터프리터가 우리의 명령을 기다린다는 뜻으로 '>>>'를 표시하고 있습니다. 이것을 프롬프트라고 하는데, 다른 것으로 바꿀 수도 있습니다.

```
>>> import sys
>>> sys.ps1                          # 현재의 프롬프트는?
'>>> '
>>> sys.ps1 = '^^; '                 # 요걸로 바꿔!
^^; print('hello')
hello
^^; 5 * 3
15
^^;
```

파이썬 버전을 알고 싶을 때에는 version 또는 version_info를 확인해 보시면 됩니다.

---

5 파이썬 3에서 reload()가 내장 함수에서 제외되고, imp 모듈에 포함되었습니다.

```
^^; sys.version
'3.3.2 (v3.3.2:d047928ae3f6, May 16 2013, 00:03:43) [MSC v.1600 32 bit
(Intel)]'
^^; sys.version_info
sys.version_info(major=3, minor=3, micro=2, releaselevel='final',
serial=0)
```

사람이 읽기에는 sys.version이 좋고, 프로그램에서 처리하기에는 sys.version_info가 더 편한 것 같습니다.

이번엔 인터프리터에서 빠져나와 볼까요?

```
^^; sys.exit()
```

4.3.2 OS

이번에는 os 뭉치를 보겠습니다. 이것은 운영 체제(OS : Operating System)를 제어할 수 있습니다. 우리가 Windows로 파일과 폴더를 만들고 복사하는 일들도 **os** 뭉치로 할 수 있습니다.

```
>>> import os
```

현재 경로를 확인해 보겠습니다.

```
>>> os.getcwd()
'C:\\Python33'
```

역슬래쉬(\)는 특별한 의미를 가지고 있는 문자이기 때문에, 실제로 역슬래쉬 문자를 써야 할 때에는 위와 같이 두 개를 겹쳐서 씁니다. 현재 경로(.)의 파일 목록을 확인해 보겠습니다.

```
>>> os.listdir('.')
['DLLs', 'Doc', 'include', 'Lib', 'libs', 'LICENSE.txt', 'NEWS.txt',
'python.exe', 'pythonw.exe', 'README.txt', 'tcl', 'Tools', 'w9xpopen.
exe']
```

현재 디렉터리의 파일들 중 README.txt 파일의 이름을 소문자로 바꾸어 보겠습니다.

```
>>> os.rename('README.txt', 'readme.txt')
>>> os.listdir('.')
['DLLs', 'Doc', 'include', 'Lib', 'libs', 'LICENSE.txt', 'NEWS.txt',
'python.exe', 'pythonw.exe', 'readme.txt', 'tcl', 'Tools', 'w9xpopen.
exe']
```

4.3.3 re

문자열 메서드와는 다른 각도에서 문자열을 다룰 수 있는 re(regular expression : 정규 표현식) 뭉치도 있습니다. 다음 예제에서 두 번째 줄의 괄호 안에 쓴 것이 정규 표현식인데요, 마침표(.)는 문자 아무거나 한 개를 뜻하고, 별표(*)는 한 개 이상의 문자를 뜻합니다. 그래서 현재 디렉터리에서 p 다음에 n이 나오는 이름을 갖고 있는 파일들을 모두 찾아 주게 되지요. 실행한 결과를 잘 보시면 이해할 수 있을 것입니다.

```
>>> import re, glob
>>> p = re.compile('.*p.*n.*')
>>> for i in glob.glob('*'):
...     m = p.match(i)
...     if m:
...             print(m.group())
...
python.exe
pythonw.exe
```

4.3.4 무작위(Random) 뭉치

이번에는 파이썬에서의 랜덤(random)에 대해 가볍게 정리해 볼까 합니다. 우선 랜덤이 무엇인지부터 살펴볼까요. 주사위를 던지는 상황을 생각해 봅시다. 주사위의 각 면에는 1개에서 6개까지의 눈이 새겨져 있어서, 주사위를 던질 때마다 그 중 하나의 숫자가 선택됩니다.

주사위를 직접 던져 보기 전에는 다음 번에 어떤 숫자가 나올지 알 수 없습니다. 그런데 주사위를 600번 정도 던져 보면 각각의 숫자가 대략 100번 정도 나오기는 합니다. 이런 것이 바로 난수(random number)입니다.

난수의 예가 될 만한 것으로 주사위 외에 또 어떤 것들이 있을까요?

짤짤이, 복권 추첨, 음악 CD의 재생 순서 섞기......

그럼 파이썬으로 난수를 만들어 봅시다.

```
>>> import random
>>> random.random()
0.90389642027948769
```

random 뭉치의 random() 함수를 호출했더니 복잡한 숫자를 돌려주네요. random()
함수는 0 이상 1 미만의 숫자 중에서 아무 숫자나 하나 뽑아서 돌려주는 일을 한답
니다.

주사위처럼 1에서 6까지의 정수 중 하나를 무작위로 얻으려면 어떻게 해야 할까요?
이럴 때 편리하게 쓸 수 있는 randrange()라는 함수가 있습니다.

```
>>> random.randrange(1,7)
6
>>> random.randrange(1,7)
2
```

여기에서 randrange(1,6)이 아니라 randrange(1,7)이라고 썼다는 점에 주의하세
요. '1 이상 7 미만의 난수'라고 생각하시면 이해가 쉽습니다. 내장 함수인 range()
를 되새겨보는 것도 좋겠군요.

```
>>> list(range(1, 7))
[1, 2, 3, 4, 5, 6]
```

shuffle()이라는 재미있는 함수도 있군요. 순서형 자료(sequence)를 뒤죽박죽으로
섞어 놓는 함수입니다. 네, 아이팟 셔플의 바로 그 셔플입니다.

```
>>> abc = ['a', 'b', 'c', 'd', 'e']
>>> random.shuffle(abc)
>>> abc
['a', 'd', 'e', 'b', 'c']
>>> random.shuffle(abc)
>>> abc
['e', 'd', 'a', 'c', 'b']
```

아무 원소나 하나 뽑아 주는 choice() 함수도 있습니다.

```
>>> abc
['e', 'd', 'a', 'c', 'b']
```

```
>>> random.choice(abc)
'a'
>>> random.choice(abc)
'd'

>>> menu = '쫄면', '육계장', '비빔밥'
>>> random.choice(menu)
'쫄면'
```

참, 거짓을 임의로 선택해 보겠습니다.

```
>>> random.choice([True, False])
True
>>> random.choice([True, False])
False
```

4.3.5 기타

이런 것들 외에 처음에 뭉치에 대해 설명 드릴 때 보여 드린 math나 tkinter도 유용합니다.

지금까지 몇 가지 예를 보여 드렸는데 뭉치들이 참 쓸 만하죠? 파이썬에서 제공하는 뭉치를 잘 활용하면 좋은 프로그램을 쉽게 만들 수 있을 것입니다. 하지만 수많은 모듈의 사용법을 모두 암기하실 필요는 없습니다. 작성하실 프로그램에서 어떤 기능을 필요로 하는가에 따라 어떤 뭉치를 사용할 것인지 결정한 다음, 사용설명서를 보면서 뭉치의 사용법을 익혀서 프로그래밍하시면 됩니다. 뭉치의 사용설명서로는 파이썬과 함께 기본적으로 설치되는 'Python Library Reference(파이썬 라이브러리 레퍼런스)'라는 것도 있고, 책이나 인터넷을 통해 자료를 찾아보시면 됩니다.

끝으로 재미있는 뭉치를 하나 더 소개해 드리겠습니다.

한 번 따라해 보시기 바랍니다. 그럼 전 이만 휘리릭~

```
>>> import webbrowser
>>> url = 'http://www.python.org/'
>>> webbrowser.open(url)
True
```

python™

텍스트 파일 편집

저는 종종 번역할 일이 있을 때, 구글 번역사 도구함(http://translate.google.com/toolkit)을 애용하고 있답니다. 파일을 올려 놓으면 어디에서나 온라인에서 작업할 수 있고, 여러 사람이 공동으로 작업할 수도 있어 편리하더라구요.

그런데, 가끔 이런 경우가 있습니다.

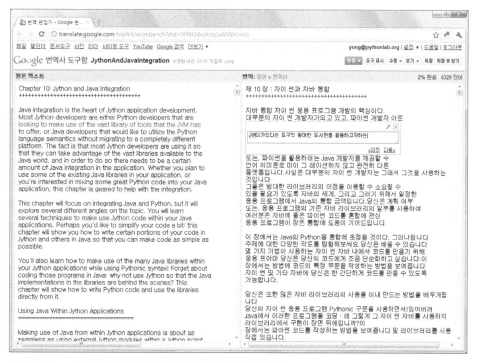

그림 4-11 ● 원본 텍스트에서 문장의 중간에 줄바꿈이 있는 경우

텍스트 파일을 작성할 때는 페이지 너비를 일정하게 유지하기 위해서, 의미상으로 는 문장이 끝나지 않았더라도 〈Enter〉 키를 쳐서 줄바꿈을 하는 경우가 있습니다.

물론 줄바꿈을 넣지 않고 텍스트 편집기의 자동 줄바꿈 기능을 사용해도 되지만, 모든 사람이 그렇게 하는 건 아니니까요. 그런데 이렇게 문장의 중간에 줄바꿈이 들어간 파일을 구글 번역사 도구함에 올리면, 번역기는 줄바꿈이 있는 곳을 기준으로 서로 다른 문장으로 인식하게 되더라구요. 그런 경우에는 줄바꿈이 있는 곳을 찾아다니면서 고치곤 하는데, 시간도 많이 걸리고 귀찮은 작업이죠.

반대로, 문장이 끝나는 곳마다 줄바꿈을 넣어 주고 싶은데, 원본에는 마침표 뒤에 공백이 오고 바로 이어서 다음 문장이 쓰여진 경우도 있습니다. 역시나 귀찮습니다.

파이썬을 이용해서 이런 작업을 쉽게 처리할 수 있을까요?

네, 할 수 있습니다. 안 되는 거면 얘기를 꺼내지도 않았겠죠?

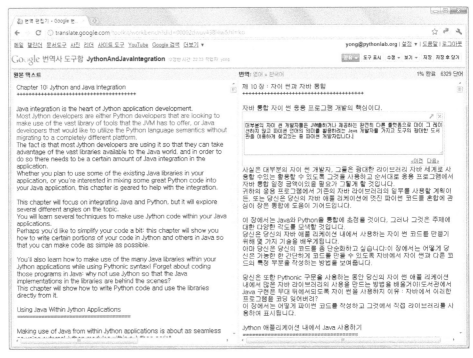

그림 4-12 ● 원본 텍스트에서 문장 중간에 들어간 줄바꿈을 제거한 결과

5.1 파일 읽고 쓰기

우선 텍스트 파일을 읽고 쓰는 방법을 알아보겠습니다.

파일을 읽을 때는, 파일을 열고서, 내용을 읽은 후에, 파일을 닫으면 됩니다.

파일에 쓸 때는, 파일을 쓰기 모드로 열고, 내용을 기록한 후에, 파일을 닫으면 됩니다.

쉽죠?

그럼 대화식 번역기를 띄워서 테스트해 보겠습니다.

hello.txt라는 이름으로 파일을 만듭니다. 두 번째 인자로 'w'를 지정해서 쓰기 모드로 열어 보겠습니다.

```
>>> f = open('hello.txt', 'w')
```

파일에 텍스트를 씁니다.

```
>>> f.write('Hi~')
```

파일을 닫습니다.

```
>>> f.close()
```

자, 윈도우 탐색기를 열어서 파일이 잘 만들어졌는지 확인해 보시기 바랍니다. 잘 만들어졌으면, 파일 내용을 읽어 보도록 하겠습니다.

파일을 열어 보시기 바랍니다. 두 번째 인자를 생략하면 읽기 모드로 열립니다.

```
>>> g = open('hello.txt')
```

파일을 읽어 보시기 바랍니다.

```
>>> g.read()
'Hi~'
```

5.2 제어 문자

텍스트를 편집할 때 키보드의 〈Enter〉 키를 누르면 줄이 바뀌는데, 이러한 줄바꿈은 '\n'이라는 제어 문자로 표시할 수 있습니다. 파이썬 대화식 번역기를 띄워서 테스트해 보시기 바랍니다. [6]

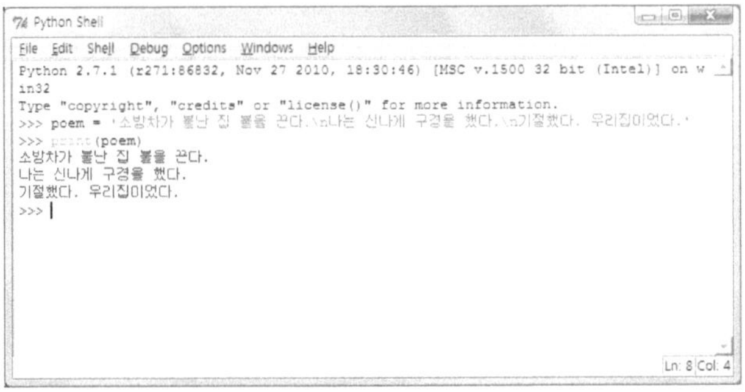

그림 4-13 ● 3행시[7]

5.3 문자열 메서드와 정규 표현식

파이썬 쉘을 열어서, 문자열을 다루는 몇 가지 실험을 해 보겠습니다.

실험 대상으로 쓰기 위해, 여러 행으로 이루어진 문자열을 하나 만들어 보겠습니다. 원본(source)이라는 뜻으로 src라고 부르겠습니다.[8]

```
>>> src = """Using Beach.java in Jython
... ::
...
...     >>> import Beach
...     >>> beach = Beach("Cocoa Beach","Cocoa Beach")
...     >>> beach.getName()
...     u'Cocoa Beach'
...     >>> print beach.getName()
...     Cocoa Beach
...
```

---

6 http://ko.wikipedia.org/wiki/제어_문자

7 http://www.ganjjang.co.kr/1124

8 http://www.jython.org/jythonbook/en/1.0/_sources/JythonAndJavaIntegration.txt

```
...
... As we had learned in Chapter 8, one thing you'll need to do is
... ensure that the Java class you wish to use resides within your
... CLASSPATH. In the example above, I created a JAR file that
... contained the Beach class and then put that JAR on the CLASSPATH.
...
... It is also possible to extend or subclass Java classes via Jython
... classes. This allows us to extend the functionality of a given Java
... class using Jython objects, which can be quite helpful at times.
... The next example shows a Jython class extending a Java class that
... includes some calculation functionality. The Jython class then adds
... another calculation method and makes use of the calculation methods
... from both the Java class and the Jython class."""
```

src의 내용을 확인해 보면 줄바꿈이 실제로는 '\n'으로 바뀌어 저장된 것을 알 수 있습니다.

```
>>> src
'Using Beach.java in Jython\n::\n   \n   >>> import Beach\n   >>>
beach = Beach("Cocoa Beach","Cocoa Beach")\n   >>> beach.getName()\n
u\'Cocoa Beach\'\n   >>> print beach.getName()\n   Cocoa Beach\n\n\nAs
we had learned in Chapter 8, one thing you\'ll need to do is\nensure
that the Java class you wish to useresides within your\nCLASSPATH.
In the example above, I created a JAR file that\ncontained the Beach
class and then put that JAR on the CLASSPATH.\n\nIt is also possible
to extend or subclass Java classes via Jython\nclasses. This allows
us to extend the functionality of a given Java\nclass using Jython
objects, whichcan be quite helpful at times.\nThe next example shows
a Jython class extendinga Java class that\nincludes some calculation
functionality. The Jython class then adds\nanother calculation method
and makes use of the calculation methods\nfrom both the Java class and
the Jython class.'
```

실험에 앞서, 각 행의 인덱스(색인)를 확인해 두면 편할 것 같습니다.

```
>>> lines = src.splitlines(True)
```

src의 각 행을 분할(splitlines)하여 lines라는 목록을 만들었습니다. 이때, 줄넘김 문자를 보존(keepends)해 달라는 뜻으로 True 매개변수를 전달했습니다. lines 목록의 길이 만큼 범위(range)를 만들어서, 반복문을 통해 각 행의 인덱스와 내용을 함께 출력해 보겠습니다.

```
>>> for i in range(len(lines)):
...     print("%2d: %s" % (i, lines[i]))
...
0: Using Beach.java in Jython

1: ::

2:

3:     >>> import Beach

4:     >>> beach = Beach("Cocoa Beach","Cocoa Beach")

5:     >>> beach.getName()

6:     u'Cocoa Beach'

7:     >>> print beach.getName()

8:     Cocoa Beach

9:

10:

11: As we had learned in Chapter 8, one thing you'll need to do is

12: ensure that the Java class you wish to use resides within your

13: CLASSPATH. In the example above, I created a JAR file that

14: contained the Beach class and then put that JAR on the CLASSPATH.

15:

16: It is also possible to extend or subclass Java classes via Jython

17: classes. This allows us to extend the functionality of a given Java

18: class using Jython objects, which can be quite helpful at times.

19: The next example shows a Jython class extending a Java class that
```

20: includes some calculation functionality. The Jython class then adds

21: another calculation method and makes use of the calculation methods

22: from both the Java class and the Jython class.

위에서 만든 lines 목록을 두 줄만 잘라서 테스트해 보겠습니다.

```
>>> lines[11:13]
["As we had learned in Chapter 8, one thing you'll need to do is\n",
'ensure that the Java class you wish to use resides within your\n']
>>> sl = lines[11] + lines[12]
>>> print(sl)
As we had learned in Chapter 8, one thing you'll need to do is
ensure that the Java class you wish to use resides within your
```

자, 문장의 중간에 불필요하게 끼어 있는 줄넘김을 제거합니다.

```
>>> print(sl.replace('\n', ''))
As we had learned in Chapter 8, one thing you'll need to do isensure
that the Java class you wish to use resides within your
```

앗, is와 ensure가 딱 붙어 버렸네요. 띄어쓰기를 해야겠습니다.

```
>>> print(sl.replace('\n', ' '))
As we had learned in Chapter 8, one thing you'll need to do is ensure
that the Java class you wish to use resides within your
```

src 전체에 대해서도 테스트해 볼까요?

```
>>> print(src.replace('\n', ' '))
Using Beach.java in Jython ::            >>> import Beach      >>>
beach = Beach("Cocoa Beach","Cocoa Beach")      >>> beach.getName()
u'Cocoa Beach'      >>> print beach.getName()      Cocoa Beach    As we
had learned in Chapter 8, one thing you'll need to do is ensure that
the Java class you wish to use resides within your CLASSPATH. In the
example above, I created a JAR file that contained the Beach class
and then put that JAR on the CLASSPATH.  It is also possible to extend
or subclass Java classes via Jython classes. This allows us to extend
the functionality of a given Java class using Jython objects, which
can be quite helpful at times. The next example shows a Jython class
extending a Java class that includes some calculation functionality.
```

The Jython class then adds another calculation method and makes use of
the calculation methods from both the Java class and the Jython class.

이런, 프로그램 예제 부분까지 줄넘김이 없어져 버렸네요. 예제 부분과 본문을 나누
어서 따로 처리하도록 개발하려면 일이 많을 것 같습니다.

문자열 메서드 대신에 정규 표현식(regular expression)을 사용해 보면 어떨까요?

```
>>> import re
>>> print(re.sub(r'\n[ ]*([A-Za-z])', r'\1', src))
Using Beach.java in Jython
::

    >>> import Beach
    >>> beach = Beach("Cocoa Beach","Cocoa Beach")
    >>> beach.getName()u'Cocoa Beach'
    >>> print beach.getName()Cocoa Beach

As we had learned in Chapter 8, one thing you'll need to do isensure
that the Java class you wish to use resides within yourCLASSPATH. In
the example above, I created a JAR file thatcontained the Beach class
and then put that JAR on the CLASSPATH.
It is also possible to extend or subclass Java classes via
Jythonclasses. This allows us to extend the functionality of a
given Javaclass using Jython objects, which can be quite helpful at
times.The next example shows a Jython class extending a Java class
thatincludes some calculation functionality. The Jython class then
addsanother calculation method and makes use of the calculation
methodsfrom both the Java class and the Jython class.
```

한결 보기가 낫습니다.

하지만, 결과를 자세히 살펴보니 몇 가지 문제가 있네요. 문단과 다음 문단 사이에
한 줄을 띄운 것이 붙어 버렸고, 단어 두 개가 붙어 버린 부분도 눈에 띕니다. 정규
표현식을 좀 더 다듬어 보겠습니다.

```
>>> print(re.sub(r'([a-z,])\n[ ]*([A-Za-z*(])', r'\1 \2', src))
Using Beach.java in Jython
::

    >>> import Beach
```

```
>>> beach = Beach("Cocoa Beach","Cocoa Beach")
>>> beach.getName()
u'Cocoa Beach'
>>> print beach.getName()
Cocoa Beach
```

As we had learned in Chapter 8, one thing you'll need to do is ensure that the Java class you wish to use resides within your CLASSPATH. In the example above, I created a JAR file that contained the Beach class and then put that JAR on the CLASSPATH.

It is also possible to extend or subclass Java classes via Jython classes. This allows us to extend the functionality of a given Java class using Jython objects, which can be quite helpful at times. The next example shows a Jython class extending a Java class that includes some calculation functionality. The Jython class then adds another calculation method and makes use of the calculation methods from both the Java class and the Jython class.

이제 많이 좋아졌습니다.

한 문장이 끝날 때마다 줄바꿈을 추가해 주는 기능도 구현해 보시기 바랍니다. 문자열 메서드를 쓰는 것이 좋은 경우도 있고, 까다롭게 보이는 정규 표현식이 때로는 문자열 메서드보다 문제를 더 쉽게 풀어 줄 때도 간혹 있습니다.

5.4 텍스트 줄바꿈 수정 스크립트

앞에서 설명 드린 내용을 종합해서 스크립트를 작성해 보았습니다.

예제 4-6	line_by_line.py

```
01  import sys, re
02
03  def adjust_newline(text):
04      tmp = text
05      tmp = re.sub(r'([a-z,])\n[ ]*([A-Za-z*()])', r'\1 \2', tmp)
06      tmp = re.sub(r'([a-z][.?]) ([A-Z*])', r'\1\n\2', tmp)
07      result = tmp
08      return result
```

```
09
10  def usage():
11      print('Usage: python line_by_line.py <path>')
12
13  if len(sys.argv) == 2:
14      path = sys.argv[1]
15
16      infile = open(path)
17      src = infile.read()
18      infile.close()
19
20      dest = adjust_newline(src)
21
22      outfile = open(path + '.out', 'w')
23      outfile.write(dest)
24      outfile.close()
25  else:
26      usage()
```

· **1행:**
매개변수를 처리하기 위해 sys 모듈을, 정규 표현식을 위해 re 모듈을 들여 왔습니다.

· **3 ~ 8행:**
정규 표현식을 이용해서 주어진 문자열의 줄바꿈을 수정하는 함수입니다.

· **10 ~ 11행:**
이 프로그램의 사용법을 출력해 주는 함수입니다.

· **13 ~ 24행:**
매개변수가 올바로 들어온 경우, 파일을 읽어서 줄바꿈을 수정하고 그 결과를 출력 파일에 기록합니다.

· **25 ~ 26행:**
매개변수를 잘못 입력했을 경우, 프로그램 사용법을 출력하도록 합니다.

건축무한육면각체의 비법

일제강점기의 시인이자 소설가인 이상의 작품을 빌려서 예제를 만들어 보았습니다.[9]

6.1   건축무한육면각체

itertools 모듈의 cycle 함수를 사용하면 cycle 개체가 만들어지는데, 다음 번(next) 원소를 사용할 때마다 점점 늘어나도록 되어 있습니다.[10]

```
>>> from itertools import cycle
>>> wd = cycle('월화수목금토일')
>>> for i in range(10):
        next(wd)

'월'
'화'
'수'
'목'
'금'
'토'
'일'
'월'
'화'
'수'
```

다음은 이상의 시 건축무한육면각체의 첫 부분입니다.[11]

---

9 http://ko.wikisource.org/wiki/저자:이상

10 정확한 원리는 문서를 참고하세요. http://docs.python.org/library/itertools.html#itertools.cycle

11 http://ko.wikisource.org/wiki/건축무한육면각체

```
>>> from itertools import cycle
>>> c = cycle('四角形의內部의')
>>> s = ''
>>> for i in range(31):
...     s = s + next(c)
...
>>> s
'四角形의內部의四角形의內部의四角形의內部의四角形의內部의四角形'
```

문자열을 이어 붙이기 위해서 s라는 문자열을 하나 정해 두고, 더하기 기호를 사용해서 뒤에다 계속 글자를 붙여 나가는 방법을 썼습니다.[12]

6.2　오감도 시제1호

```
>>> o = {'一': 1, '二': 2, '三': 3, '四': 4, '五': 5, '六': 6, '七': 7, '八':
8, '九': 9, '十': 10, '十一': 11, '十二': 12, '十三': 13}
```

o라는 이름의 사전을 만들었습니다.

이 사전에서 석 삼 자를 찾아보면,

```
>>> o['三']
3
```

아라비아 숫자 3이 나옵니다. 아홉 구 자도 마찬가지입니다.

```
>>> o['九']
9
```

키(key)와 값(value)을 따로따로 출력해 보겠습니다. 파이썬 2와 파이썬 3에서 결과가 조금 다르게 보입니다.

파이썬 2:

```
>>> o.keys()
['\xe4\xa8', '\xe4\xa8\xec\xa3', '\xf8\xa2', '\xe4\xa8\xec\xe9', '\xe4\
xa8\xdf\xb2', '\xce\xfa', '\xde\xcc', '\xe7\xe9', '\xec\xa3', '\xdf\xb2',
```

12 문자열을 이어붙이는 여러 가지 방법이 있습니다. http://www.skymind.com/~ocrow/python_string/

```
'\xec\xe9', '\xf6\xd2', '\xd7\xbf']
>>> for x in o.keys(): print x,
...
十 十二 八 十一 十三 九 四 五 二 三 一 七 六

>>> o.values()
[10, 12, 8, 11, 13, 9, 4, 5, 2, 3, 1, 7, 6]
```

파이썬 3:

```
>>> o.keys()
dict_keys(['十二', '九', '四', '十三', '五', '十一', '二', '六', '八', '三',
'七', '一', '十'])
>>> o.values()
dict_values([12, 9, 4, 13, 5, 11, 2, 6, 8, 3, 7, 1, 10])
```

사전은 값을 빨리 찾을 수 있도록 만들어지다 보니, 값을 넣은 순서가 유지되지 않는 특징이 있습니다.[13]

키와 값이 짝지어진 원소들(items)도 확인해 보겠습니다. 파이썬 3 기준입니다.

```
>>> o.items()
dict_items([('十二', 12), ('九', 9), ('四', 4), ('十三', 13), ('五', 5), ('
十一', 11), ('二', 2), ('六', 6), ('八', 8), ('三', 3), ('七', 7), ('一', 1),
('十', 10)])
```

사전에 대하여 정렬이 필요한 경우에는, 키나 값을 목록 형태로 얻어낸 후에 정렬시 킬 수 있습니다.

```
>>> sorted(o.values())
[1, 2, 3, 4, 5, 6, 7, 8, 9, 10, 11, 12, 13]
```

다음과 같이 정렬 기준(key)을 지정하여 정렬할 수 있습니다.

```
>>> sorted(o.items(), key=lambda x: x[1])
[('一', 1), ('二', 2), ('三', 3), ('四', 4), ('五', 5), ('六', 6), ('七',
7), ('八', 8), ('九', 9), ('十', 10), ('十一', 11), ('十二', 12), ('十三',
13)]
```

---

13 순서가 유지되는 사전이 필요하신 분은 OrderedDict를 사용해 보세요.
http://docs.python.org/dev/whatsnew/2.7.html#pep-372-adding-an-ordered-dictionary-to-collections

값의 크기를 기준으로 정렬한 것을 가지고 반복문을 수행할 수도 있구요.

```
>>> for k, v in sorted(o.items(), key=lambda x: x[1]):
        print(k)


一
二
三
四
五
六
七
八
九
十
十一
十二
十三
```

문자열의 출력 형식을 적당히 지정해서 시를 쓸 수도 있답니다.[14]

```
>>> for k, v in sorted(o.items(), key=lambda x: x[1]):
        f = '第%s의兒孩%s무섭다고그리오.'
        print(f % (k, '가' if v % 10 == 1 else '도'))
        if v % 10 == 0:
            print()
```

第一의兒孩가무섭다고그리오.
第二의兒孩도무섭다고그리오.
第三의兒孩도무섭다고그리오.
第四의兒孩도무섭다고그리오.
第五의兒孩도무섭다고그리오.
第六의兒孩도무섭다고그리오.
第七의兒孩도무섭다고그리오.
第八의兒孩도무섭다고그리오.
第九의兒孩도무섭다고그리오.
第十의兒孩도무섭다고그리오.

第十一의兒孩가무섭다고그리오.
第十二의兒孩도무섭다고그리오.

14 http://ko.wikisource.org/wiki/오감도

第十三의兒孩도무섭다고그리오.
>>>

6.3   오감도 시제4호

이번에는 환자의 용태에 관한 문제를 풀어 보겠습니다. 회진을 돌기 전에 잠시 차트를 살펴볼까요. ;−)[15]

문자열을 가지고 목록을 만들 수 있습니다.

```
>>> l = list('.0987654321')
>>> l
['.', '0', '9', '8', '7', '6', '5', '4', '3', '2', '1']
```

목록을 가지고 문자열을 얻어낼 수도 있습니다. 공백 한 개짜리 문자열(' ')을 가지고 각 원소들을 접합(join)해 보았습니다.

```
>>> print(' '.join(l))
. 0 9 8 7 6 5 4 3 2 1
```

이번에는, 문자열 l에서 점(.)이 나타나는 위치(index)를 찾아봅니다.

```
>>> l.index('.')
0
```

자, 환자를 만나러 갑니다.

```
>>> for i in range(len(l)):
...     print(' '.join(l))
...     d = l.index('.')
...     if d + 1 < len(l):
...         l[d], l[d+1] = l[d+1], l[d]
...
. 0 9 8 7 6 5 4 3 2 1
0 . 9 8 7 6 5 4 3 2 1
0 9 . 8 7 6 5 4 3 2 1
0 9 8 . 7 6 5 4 3 2 1
0 9 8 7 . 6 5 4 3 2 1
0 9 8 7 6 . 5 4 3 2 1
```

```
0 9 8 7 6 5 . 4 3 2 1
0 9 8 7 6 5 4 . 3 2 1
0 9 8 7 6 5 4 3 . 2 1
0 9 8 7 6 5 4 3 2 . 1
0 9 8 7 6 5 4 3 2 1 .
```

5

파이썬 패키지 활용

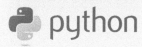

파이썬을 설치할 때 기본으로 포함되는 함수나 모듈들도 훌륭하지만, 편리하고 성능이 좋은 모듈이 모아진 패키지(꾸러미)를 함께 사용함으로써 더 좋은 프로그램을 더 빨리 개발할 수 있습니다.

어떤 모듈이 좋은 것이라고 딱 잘라 말할 수는 없겠지만, 모듈을 고르실 때에는 다음과 같은 점을 염두에 두시면 좋을 것입니다.

- 널리 쓰이는 모듈
- 이해하기 쉽고 사용이 편리한 모듈
- 문서가 잘 갖추어진 모듈
- 유지 보수가 꾸준히 이루어지는 모듈
- 작성하려는 프로그램과 조화를 이루는 모듈

이번 장에서는 파이썬 패키지를 어디서 찾을 수 있는지 알아보고, 재미있어 보이는 패키지를 몇 가지 사용해 보도록 하겠습니다.

Section 01

파이썬 패키지 색인

1.1 PyPI

파이썬을 설치할 때 기본으로 들어 있는 뭉치 외에도, 여러 가지 목적에 맞도록 만들어
진 뭉치들의 꾸러미가 아주아주 많이 있습니다. 그런 것들을 한곳에 모아서 볼 수 있는
곳이 바로 PyPI, 파이썬 패키지 색인(Python Package Index)입니다. PyPI는 [파이피
아이]라고 읽습니다.

http://pypi.python.org/pypi

그림 5-1 • PyPI

2013년 11월 현재 3만 7천 개가 넘는 꾸러미가 이곳에 등록되어 있습니다. 그중에 완전히 개발되어 안정화된 상태로 분류되는 모듈이 5900개 이상, 베타 버전은 8300 개가 넘게 있습니다. 주제별로는 소프트웨어 개발이 가장 많고, 인터넷, 유틸리티, 과학/기술, 텍스트 처리 등을 위한 모듈이 많이 등록되어 있습니다.

언어(Natural Language)별로 찾아보니 한글 관련 모듈도 몇 개 있는데, 그중에서 한글라이즈(hangulize)가 눈에 띕니다. 한글라이즈는 외래어 한글 표기 규칙에 따라, 외국어를 입력하면 한국어로 출력해 주는 모듈입니다.

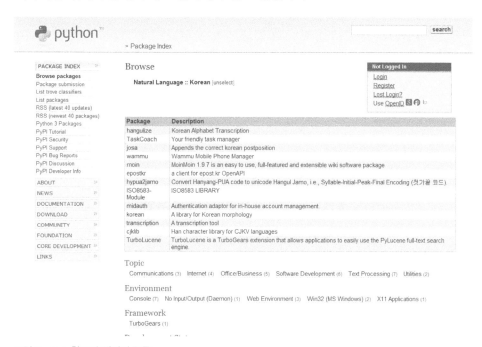

그림 5-2 ● 한국어 패키지 목록

파이썬 3을 지원하는 패키지 목록은 다음 주소에서 확인할 수 있습니다.

http://pypi.python.org/pypi?:action=browse&c=533&show=all

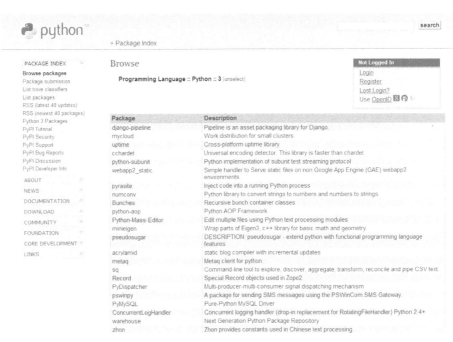

그림 5-3 ● 파이썬 3 패키지 목록

트위터를 통해서도 PyPI의 새소식을 받아 보실 수 있습니다.

트위터: http://twitter.com/pypi

1.2 setuptools(easy_install)

PyPI에서 찾은 파이썬 패키지들을 손쉽게 설치할 수 있도록 도와주는 setuptools
(easy_install)를 설치해 보겠습니다.[1]

1.2.1 Windows에서 setuptools 설치

setuptools의 PyPI(파이썬 패키지 색인)에서 setuptools의 최신 버전의 페이지로 이
동합니다.

---

1 setuptools는 한동안 유지 보수가 잘 되지 않는 바람에 몇몇 사람들이 Distribute라는 도구를 만들었는데, 지금은 다시
setuptools로 합쳐졌습니다.

https://pypi.python.org/pypi/setuptools

그림 5-4 ● setuptools

Windows의 경우에는 설치 프로그램이 별도로 있습니다. Installing Instructions의 Windows 단락에 링크되어 있으며, 그 주소는 다음과 같습니다.

https://bitbucket.org/pypa/setuptools/raw/bootstrap/ez_setup.py

ez_setup.py를 오른쪽 클릭하여 팝업 메뉴에서 '다른 이름으로 대상 저장(인터넷 익스플로러)' 혹은 '다른 이름으로 링크 저장(크롬)'을 선택하고, C:\Python33에 저장합니다(Python 2.7에 설치하고자 하는 경우에는 C:\Python27에 저장합니다).

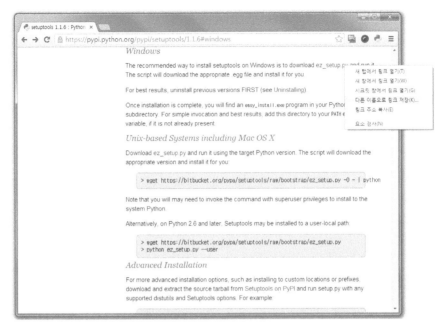

그림 5-5 • ez_setup.py 저장

다음과 같이 ez_setup.py를 실행시킵니다.

예제 5-1   `easy_install 설치`

```
C:\Users\Yong Choi>cd \python33

C:\Python33>python ez_setup.py
Downloading https://pypi.python.org/packages/source/s/setuptools/setuptools-
1.1.6.tar.gz
Extracting in c:\users\yongch~1\appdata\local\temp\tmpfga8_t
Now working in c:\users\yongch~1\appdata\local\temp\tmpfga8_t\setuptools-1.1.6
Installing Setuptools

(중간 생략)

Installing easy_install-script.py script to C:\Python33\Scripts
Installing easy_install.exe script to C:\Python33\Scripts
Installing easy_install-3.3-script.py script to C:\Python33\Scripts
Installing easy_install-3.3.exe script to C:\Python33\Scripts

Installed c:\python33\lib\site-packages\setuptools-1.1.6-py3.3.egg
Processing dependencies for setuptools==1.1.6
Finished processing dependencies for setuptools==1.1.6
```

확장자가 egg로 된 파일을 내려 받아 설치하는 과정이 자동으로 진행됩니다. easy install의 설치가 잘 되면 C:\Python33\Scripts 폴더에 easy_install로 시작하는 파일 여러 개가 생긴 것을 볼 수 있습니다.[2]

```
C:\Python33\Scripts>dir easy*
C 드라이브의 볼륨: Windows7_OS
볼륨 일련 번호: 2651-8351

C:\Python33\Scripts 디렉터리

2013-10-02   오전 11:33                 345 easy_install-3.3-script.py
2013-10-02   오전 11:33              74,752 easy_install-3.3.exe
2013-10-02   오전 11:33                 337 easy_install-script.py
2013-10-02   오전 11:33              74,752 easy_install.exe
              4개 파일              150,186 바이트
              0개 디렉터리   120,686,358,528 바이트 남음
```

1.2.2 Ubuntu에서 setuptools 설치

우분투 리눅스에는 Python 2.X와 Python 3.X가 모두 설치되어 있을 것입니다. Python 3를 위한 python3-setuptools를 설치합니다.

```
$ sudo apt-get install python3-setuptools
```

설치가 잘 되었는지 확인합니다.

```
$ sudo easy_install3 --version
```

Python 2 환경에서의 설치 및 확인 방법은 다음과 같습니다.

```
$ sudo apt-get install python-setuptools
$ sudo easy_install --version
```

---

2 압축 프로그램 '알집'의 압축 파일과 확장자가 같은 egg이지만, 다른 형식입니다.

```
 yongchoi@ubuntu: ~
yongchoi@ubuntu:~$ sudo apt-get install python3-setuptools
Reading package lists... Done
Building dependency tree
Reading state information... Done
The following NEW packages will be installed:
  python3-setuptools
0 upgraded, 1 newly installed, 0 to remove and 93 not upgraded.
Need to get 377 kB of archives.
After this operation, 1,034 kB of additional disk space will be used.
Get:1 http://us.archive.ubuntu.com/ubuntu/ saucy/main python3-setuptools all 0.6
.37-1ubuntu1 [377 kB]
Fetched 377 kB in 2s (156 kB/s)
Selecting previously unselected package python3-setuptools.
(Reading database ... 163025 files and directories currently installed.)
Unpacking python3-setuptools (from .../python3-setuptools_0.6.37-1ubuntu1_all.de
b) ...
Setting up python3-setuptools (0.6.37-1ubuntu1) ...
yongchoi@ubuntu:~$
yongchoi@ubuntu:~$
yongchoi@ubuntu:~$ sudo easy_install3 --version
distribute 0.6.37
yongchoi@ubuntu:~$
```

그림 5-6 ● Ubuntu에서 python3-setuptools 설치

1.3   pip 설치

setuptools가 올바로 설치되었다면, pip도 설치합니다. pip도 파이썬 패키지 관리를 위한 도구인데, setuptools보다 좀 더 사용이 편리합니다.[3]

1.3.1 Windows에서 pip 설치

다음과 같이 Python 3.X가 설치된 곳의 Scripts 폴더에서 easy_install을 사용하여 pip를 설치합니다.

```
> cd \Python33\Scripts
> easy_install pip
```

---

3 http://stackoverflow.com/questions/3220404/why-use-pip-over-easy-install

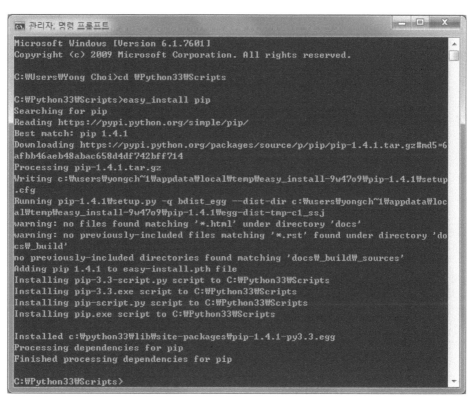

그림 5-7 ● Windows에서 pip 설치

pip가 잘 설치되었는지 확인하려면 명령 프롬프트에서 pip를 실행합니다.

```
> pip --version
```

만약 Python 2.7과 3.3 양쪽에 각각 pip를 설치하였다면, 혼동을 피하기 위해 해당 버전의 Scripts 폴더로 이동하여 pip.exe를 실행하거나, pip-2.7 또는 pip-3.3을 명시적으로 실행하는 것이 좋습니다(해당 버전의 Scripts 폴더는 PATH 환경 변수에 등록되어 있어야 합니다).

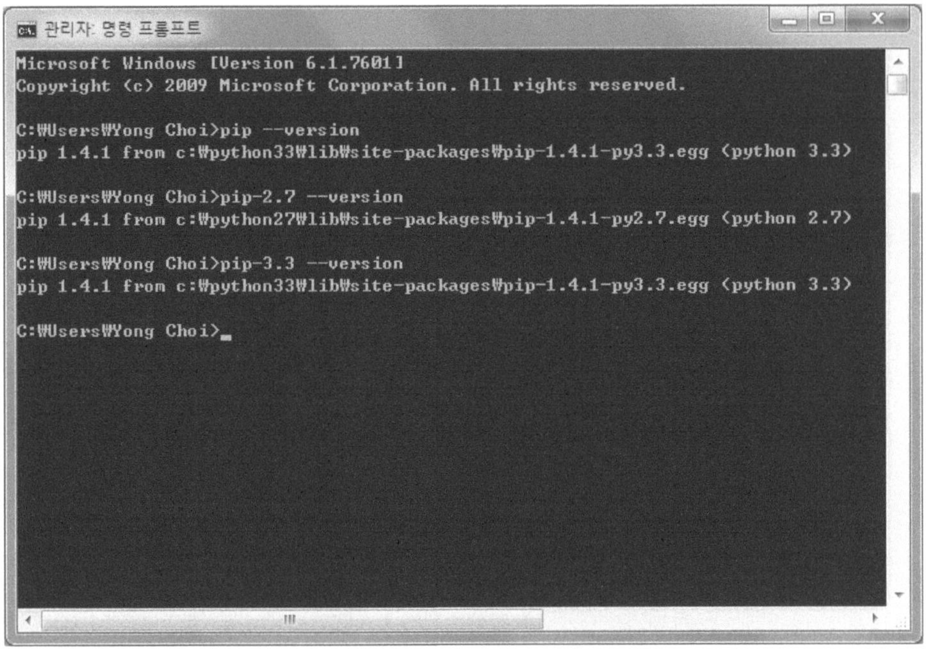

그림 5-8 ● pip 설치 확인

1.3.2 Ubuntu에서 pip 설치

Ubuntu 리눅스의 Python 3 환경에서 사용하기 위하여 다음과 같이 pip를 설치합니다.

```
$ sudo easy_install3 pip
```

설치가 올바르게 되었는지 확인해 봅니다.

```
$ sudo pip-3.3 --version
```

Python 2 환경을 위한 pip의 설치 및 확인 방법은 다음과 같습니다.

```
$ sudo easy_install pip
$ sudo pip --version
```

파이썬 이미지 라이브러리

파이썬 이미지 라이브러리(Python Imaging Library)는 이미지 처리를 도와주는 꾸러미로, 줄여서 PIL이라고도 합니다.

PIL을 사용하여 비트맵 이미지의 크기를 조정하거나 각종 효과를 줄 수도 있고, 도형을 그릴 수도 있습니다. 바로 다음 장에 소개할 순서도 작성 도구와 같이 이미지 처리가 필요한 경우에 쓰입니다.

근래에는 Pillow라는 이름의 패키지가 PIL과 같은 기능을 제공하면서도 Python 3를 지원하는 등 활발하게 개발이 되고 있습니다. 따라서 Pillow를 설치하고, 예제를 통하여 그 사용법과 이미지 처리의 원리에 대하여 살펴보도록 하겠습니다.

깃허브의 Pillow 저장소

https://github.com/python-imaging/Pillow

2.1   Pillow 설치

앞서 Section 01에서 설치한 easy_install을 이용하여 Pillow를 설치합니다.

```
C:\Python33\Scripts>easy_install Pillow
Searching for Pillow
Reading https://pypi.python.org/simple/Pillow/
Best match: Pillow 2.1.0
Downloading https://pypi.python.org/packages/3.3/P/Pillow/Pillow-
2.1.0-py3.3-win-amd64.egg#md5=08ef4fb4e341748275fc66dd500578dd
Processing Pillow-2.1.0-py3.3-win-amd64.egg
Moving Pillow-2.1.0-py3.3-win-amd64.egg to c:\python33\lib\site-
packages
```

```
Adding Pillow 2.1.0 to easy-install.pth file
Installing pilfont.py script to C:\Python33\Scripts
Installing pilconvert.py script to C:\Python33\Scripts
Installing pilprint.py script to C:\Python33\Scripts
Installing pildriver.py script to C:\Python33\Scripts
Installing pilfile.py script to C:\Python33\Scripts

Installed c:\python33\lib\site-packages\pillow-2.1.0-py3.3-win-amd64.egg
Processing dependencies for Pillow
Finished processing dependencies for Pillow
```

2.2 병아리를 부탁해

그림 5-9 ● 원본 이미지
(이연미, 〈Dyed Chicks Series No. 5〉, 2008. Oil on Canvas, 72.7 x 60.6cm.)

귀여운 분홍 병아리에게 파이썬 이미지 라이브러리의 여러 가지 기능을 적용해 보
겠습니다.

2.2.1 이미지 열기, 저장하기

파이썬 쉘을 열고, Image 모듈을 임포트합니다.

```
>>> from PIL import Image
```

만약 Pillow가 아닌 PIL을 사용하는 경우에는 다음과 같이 임포트합니다.

```
>>> import Image
```

PIL과 Pillow 중 어느 모듈이 사용될지 확신하기 어렵다면, try-except 구문을 사용하여 예외 처리를 할 수 있습니다. 다음은 Django 웹 프레임워크 1.6 버전의 코드 일부입니다. (https://github.com/django/django/blob/master/django/utils/image.py)

```
try:
    # Try from the Pillow (or one variant of PIL) install location first.
    from PIL import Image as PILImage
except ImportError as err:
    try:
        # If that failed, try the alternate import syntax for PIL.
        import Image as PILImage
    except ImportError as err:
        # Neither worked, so it's likely not installed.
        raise ImproperlyConfigured(
            _("Neither Pillow nor PIL could be imported: %s" % err)
        )
```

Image 모듈을 가져 오신 다음에 파일을 열어 주시면(open) 됩니다.[4]

```
>>> chick = Image.open("chick.jpg")
```

병아리 그림이니 chick이라는 이름을 붙여 보았습니다.

파일 정보를 보실 수 있고,

```
>>> chick
<PIL.JpegImagePlugin.JpegImageFile image mode=RGB size=315x429 at
0x1B94B70>
```

색상을 만들어 내는 여러 방식 중에 어떤 것을 따르는지,

```
>>> chick.mode
'RGB'
```

---

4 이미지 객체를 여는 것으로서, close는 필요하지 않습니다.
http://bytes.com/topic/python/answers/24308-pil-do-i-need-close

파일 크기는 어떤지 따로 확인해 볼 수도 있습니다.

```
>>> chick.size
(315, 429)
```

파일을 다른 이름으로 저장하고 싶으시면 save를 호출하시면 됩니다.

```
>>> chick.save("병아리.bmp")
```

파일의 확장자를 바꿈으로써, JPEG 형식의 이미지를 BMP 형식으로 변경해서 저장해 보았습니다.

2.2.2 크기 조정

resize 함수를 써서 이미지의 크기를 조정할 수 있습니다.

```
>>> s = chick.resize((105, 146))
>>> s.size
(105, 146)
```

크기를 조정한 사본인 s는 크기를 줄였지만, 원본인 chick은 그대로입니다.

```
>>> chick.size
(315, 429)
```

s는 파일명을 다르게 해서 저장하겠습니다.

```
>>> s.save("조그만 병아리.jpg")
```

원래의 가로세로 비율과 다른 크기로 조정하는 것도 가능합니다.

```
>>> chick.resize((200, 429)).save("홀쭉한 병아리.jpg")
```

그림 5-10 ● 홀쭉한 병아리

썸네일을 만드는 데 쓰는 thumnail 함수도 따로 있는데, resize와는 약간 차이가 있습니다. resize는 지정한 크기의 사본 이미지를 만드는데, thumnail은 이미지 자체를 줄여 버립니다. 아래와 같이 복사(copy)를 먼저 해 놓고 작업하시는 것이 좋습니다.

```
>>> c = chick.copy()
>>> c.thumbnail((100, 100))
>>> c.save("우표딱지 병아리.jpg")
```

이미지 크기도 가로, 세로 100으로 지정했지만 정사각형이 된 것이 아니라 원본의 종횡비를 유지하면서 크기가 줄었다는 것을 알 수 있습니다.

```
>>> c.size
(73, 100)
```

그림 5-11 ● 우표딱지 병아리

2.2.3 회전, 뒤집기

rotate 함수를 써서 이미지를 원하는 각도만큼 회전시킬 수 있습니다.

```
>>> chick.rotate(10).save("기우뚱한 병아리.jpg")
```

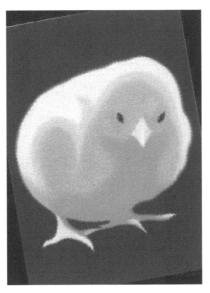

그림 5-12 ● 기우뚱한 병아리

좌우 또는 위아래 뒤집기를 처리해 주는 transpose 함수도 있습니다. 좌우로 뒤집을 때는 Image.FLIP_LEFT_RIGHT을, 위아래는 Image.FLIP_TOP_BOTTOM을 쓰시면 됩니다.

```
>>> chick.transpose(Image.FLIP_TOP_BOTTOM).save("추락하는 병아리.jpg")
```

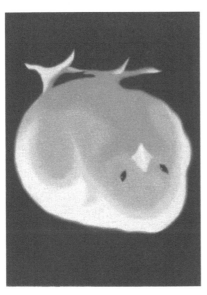

그림 5-13 ● 추락하는 병아리(까아악~)

2.2.4 밝기, 명암 조정

이미지를 이루는 픽셀 하나하나는 숫자로 표현되어 있습니다. 어두울수록 0에 가깝고 밝을수록 255에 가깝습니다.

그래서 eval 함수를 써서 숫자 값을 어떻게 조정할 것인지를 지정해 주면 이미지의 밝기를 조정할 수 있습니다. 그림을 전체적으로 밝게 만들어 보겠습니다.

```
>>> Image.eval(chick, lambda x: x + 64).save("볕에 나온 병아리.jpg")
```

그림 5-14 ● 원본 이미지   그림 5-15 ● 볕에 나온 병아리

이미지가 밝아진 것은 맞는데 배경까지 함께 밝아져 버려서 흐릿한 느낌이 들죠. 어두운 배경은 많이 손대지 말고, 밝은 부분일수록 더 밝게 만들 수 있으면 좋겠습니다. 덧셈 대신 곱셈을 사용해 보는 건 어떨까요?

```
>>> Image.eval(chick, lambda x: x * 1.4).save("자체발광 병아리.jpg")
```

그림 5-16 ● 자체발광 병아리

뺄셈을 이용하면 명암과 색상을 반대로 만드는 것도 가능하답니다.

```
>>> Image.eval(chick, lambda x: 256 - x).save("무서운 병아리.jpg")
```

그림 5-17 ● 무서운 병아리

2.2.5 흑백

RGB를 L(luma)로 변환(convert)함으로써, 컬러 이미지를 흑백으로 바꿀 수도 있습니다.

```
>>> L = chick.convert("L")
>>> L.save("흑백 병아리.jpg")
```

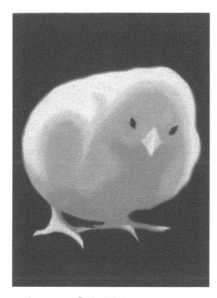

그림 5-18 ● 흑백 병아리

이 흑백 이미지를 가지고, 밝거나 어둡거나, 둘 중 하나만 선택하여 이진(binary) 명암도 만들어 낼 수 있지요. 127보다 크면 흰색(255)으로 바꾸어 버리고, 127 이하는 검정색(0)으로 바꾸어 주면 됩니다.

```
>>> Image.eval(L, lambda x: (x > 127) * 255).save("이진 명암 병아리.jpg")
```

그림 5-19 ● 이진 명암 병아리

convert 함수를 이용하는 것도 가능한데, 변환 모드를 "1"로 지정하면 됩니다. 흑백으로 바꾼 다음, 127보다 큰 값을 흰색으로 바꾸고, 디더링(dithering, 의도적으로 노이즈를 넣는 기법)을 수행한다고 합니다.[5]

```
>>> chick.convert("1").save("디더링 병아리.jpg")
```

결과물은 이렇게 나옵니다.

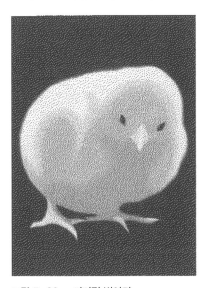

그림 5-20 ● 디더링 병아리

5 http://en.wikipedia.org/wiki/Dither

2.2.6 ImageFilter 사용

```
>>> from PIL import ImageFilter
```

3 * 3 크기의 중간값 필터로 잡음을 제거합니다.

```
>>> chick.filter(ImageFilter.MedianFilter(3)).save("매끈한 병아리.jpg")
```

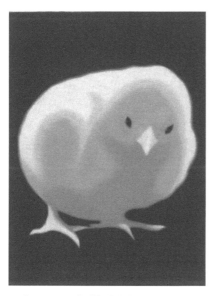

그림 5-21 ● 매끈한 병아리

윤곽 찾기를 위한 필터도 있구요.

```
>>> chick.filter(ImageFilter.FIND_EDGES).save("엣지 있는 병아리.jpg")
```

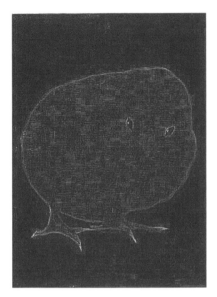

그림 5-22 ● 엣지 있는 병아리

부드럽게,

```
>>> M = 1.0 / 9.0
>>> soft = ImageFilter.Kernel((3, 3), (M,) * 9)
>>> chick.filter(soft).save("부드러운 병아리.jpg")
```

더 부드럽게.

```
>>> M = 1.0 / 25
>>> ghost = ImageFilter.Kernel((5, 5), (M,) * 25)
>>> chick.filter(ghost).save("병아리의 유령.jpg")
```

아, 병아리를 너무 많이 봤나 봅니다.

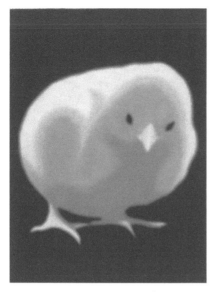

그림 5-23 ● 병아리의 유령

지금까지 파이썬 이미지 라이브러리를 이용한 래스터 이미지 처리 맛보기였습니다.[6]

PIL 및 Pillow의 자세한 기능을 알고 싶으신 분은 아래 문서를 참고하시기 바랍니다.

PIL 문서

http://www.pythonware.com/library/pil/handbook/index.htm

Pillow 문서

http://pillow.readthedocs.org/en/latest/

2.3　네모네모

파이썬 이미지 라이브러리의 `ImageDraw` 함수를 이용해서 그림을 그려 보겠습니다.

2.3.1　그냥 네모

처음 만들어 볼 것은 가로, 세로 256 픽셀 크기의 까만 정사각형입니다.

6 http://ko.wikipedia.org/wiki/래스터_그래픽스

예제 5-2 `black.py`

```python
01  from PIL import Image, ImageDraw
02
03  SIZE = 256
04
05  image = Image.new("L", (SIZE, SIZE))
06  d = ImageDraw.Draw(image)
07
08  for x in range(SIZE):
09      for y in range(SIZE):
10          d.point((x, y), 0)
11
12  image.save('black.jpg')
```

· 1행:
PIL의 Image와 ImageDraw 모듈을 가져왔습니다.

· 3행:
이미지 크기를 256 픽셀이라고 정해 놓고서 여러 번 불러 쓰려고 변수로 만들었구요.

· 5 ~ 6행:
이미지 모드를 L로 해서 흑백 이미지를 만들었습니다. RGB나 CMYK와 같은 모드를 사용하시면 여러 가지 색상을 표현할 수도 있습니다.

· 8 ~ 10행:
가로, 세로 각각 256개의 점으로 이루어진 네모를 한 땀 한 땀 정성 어린 장인의 손길로 검정색(숫자 0) 점을 찍어 갑니다. 256 * 256 = 65536개의 점을 찍습니다.

· 12행:
black.jpg라는 이름의 이미지 파일로 저장. 끝~

그림 5-24 • black

2.3.2 그라데이션

사각형의 오른쪽으로 갈수록 점점 밝아지도록 만들 수 있을까요?

간단합니다. 앞의 예제에서 10번째 줄을 이렇게 고쳐 보시기 바랍니다. 0을 x로, 딱한 글자만 고치면 됩니다.

```
d.point((x, y), x)
```

그림 5-25 • gradation1

같은 원리로, 오른쪽 아래로 갈수록 밝아지도록 할 수도 있답니다.

```
d.point((x, y), x * y / SIZE)
```

그림 5-26 • gradation2

2.3.3 무늬 만들기

숫자 계산을 통해서 기하학적인 무늬도 만들 수 있습니다. 네모 속에 네모를 넣어 볼까요.

예제 5-3 `square.py`

```
01  from PIL import Image, ImageDraw
02
03  SIZE = 256
04
05  image = Image.new("L", (SIZE, SIZE))
06  d = ImageDraw.Draw(image)
07
08  m = 64
09
10  for x in range(SIZE):
11      for y in range(SIZE):
12          inner = x in range(m, SIZE - m) and y in range(m, SIZE - m)
13          d.point((x, y), inner * 255)
14
15  image.save('square.jpg')
```

· **8행:**

여백(margin)을 뜻하는 m 변수를 만들었습니다.

· **12 ~ 13행:**

계산이 들어가서 복잡해지길래, 원래 한 줄로 되어 있던 점 찍는 부분을 두 줄로 늘렸습니다. inner라는 변수는 참(True) 또는 거짓(False)을 나타내는 불린(boolean) 값을 담아 두려고 만든 변수인데, 숫자와 곱셈을 시키면 1 또는 0 의 숫자값 역할도 합니다. 그래서 작은 네모 안에(inner) 있으면 255, 즉 흰색으로 칠하고, 밖에 있으면 검정으로 칠하는 결과가 되었습니다.

그림 5-27 ● square

비슷한 원리로 줄무늬도 만들 수 있습니다.

예제 5-4   **stripe.py**

```
01  from PIL import Image, ImageDraw
02
03  SIZE = 256
04
05  image = Image.new("L", (SIZE, SIZE))
06  d = ImageDraw.Draw(image)
07
08  width = 4
09
10  for x in range(SIZE):
11      for y in range(SIZE):
12          d.point((x, y), (x / width % 6 != 0) * 255)
13
14  image.save('stripe.jpg')
```

· **8행:**

검은 줄무늬의 폭(width)을 4픽셀로 정해 보았습니다.

· **12행:**

가로(x) 좌표를 일정하게 분할하기 위해 나머지 계산을 했는데, 줄무늬의 폭을 만들어 주기 위해서 나눗셈을 먼저 해 주었습니다. x 나누기 width의 값을 다시 6으로 나누어서, 나누어 떨어지면 검정색, 그렇지 않으면 흰색을 칠해요.

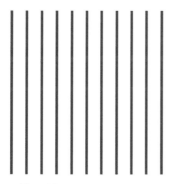

그림 5-28 • stripe

바둑판 무늬도 만들어 보고,

예제 5-5 **check.py**

```
01  from PIL import Image, ImageDraw
02
03  SIZE = 256
04
05  image = Image.new("L", (SIZE, SIZE))
06  d = ImageDraw.Draw(image)
07
08  p = 64
09
10  for x in range(SIZE):
11      for y in range(SIZE):
12          inner = (x // p % 2 + y // p % 2) % 2
13          d.point((x, y), inner * 255)
14
15  image.save('check.jpg')
```

그림 5-29 ● check

수학 시간에 배웠던 공식을 이용해서 원도 그려 보았습니다.

```
inner = (x - SIZE / 2) ** 2 + (y - SIZE / 2) ** 2 <= r ** 2
```

그림 5-30 • circle

2.3.4 만델브로트 집합

이번엔 좀 더 어려운 그림을 그려 볼까요. 간단한 숫자 계산으로, 복잡하면서도 규칙성을 가진 오묘한 그림을 만들 수 있는 만델브로트 집합입니다.[7]

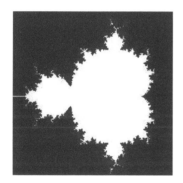

그림 5-31 • mandelbrot

7 http://en.wikipedia.org/wiki/Mandelbrot_set

`mandelbrot.py`

```python
01  from PIL import Image, ImageDraw
02
03  SIZE = 256
04
05  image = Image.new("L", (SIZE, SIZE))
06  d = ImageDraw.Draw(image)
07
08  def mandel(c):
09      z = 0
10      for h in range(20):
11          z = z ** 2 + c
12          if abs(z) > 2:
13              break
14      return abs(z) < 2
15
16  for x in range(SIZE):
17      r = x / 110.0 - 1.6
18      for y in range(SIZE):
19          i = y / 110.0 - 1.2
20          d.point((x, y), mandel(complex(r, i)) * 255)
21
22  image.save('mandelbrot.jpg')
```

· **8 ~ 14행:**

매개변수로 받은 숫자 c가 만델브로트 집합에 속하는지의 여부를 판단하는 함수입니다.[8]

· **16 ~ 20행:**

앞에서 보신 다른 예제들과 마찬가지로, 점을 찍어 나갑니다. r과 i는 각각 복소수(complex number)의 실수(real) 부분과 허수(imaginary) 부분을 나타내는 변수입니다.

2.3.5 지글지글

수학 공식을 한참 들여다 보았더니 그림처럼 머리가 지끈지끈합니다.

---

8 http://prezjordan.tumblr.com/post/277984651/mandelbrot-set-in-python

그림 5-32 • noise

예제 5-7   **noise.py**

```
01  from PIL import Image, ImageDraw
02  import random
03
04  SIZE = 256
05
06  image = Image.new("L", (SIZE, SIZE))
07  d = ImageDraw.Draw(image)
08
09  for x in range(SIZE):
10      for y in range(SIZE):
11          d.point((x, y), random.choice([0, 255]))
12
13  image.save('noise.jpg')
```

179

python™

순서도

객체 지향 소프트웨어를 설계할 때 문서를 작성하는 방법의 약속으로 통합 모델링 언어(Unified Modeling Language, UML)라는 것이 있습니다. 통합 모델링 언어에서는 여러 가지 그림을 사용하는데, 그중 하나가 여러 객체들이 어떤 순서로 상호작용하는지를 한눈에 보여 주는 순서도(sequence diagram)입니다.[9]

다음 그림은 식당 손님과 종업원 사이에 일어나는 일들을 모델링하는 순서도입니다.

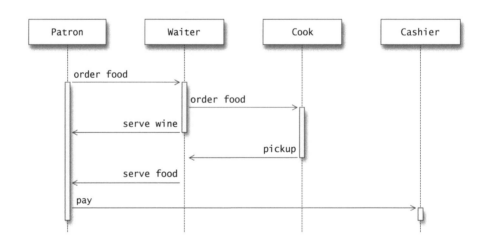

그림 5-33 ● seqdiag로 생성한 식당 시퀀스 다이어그램

손님(Patron)이 음식을 시키면(order food), 웨이터는 요리사(cook)에게 음식을 시켜 놓고, 와인을 서빙한 다음에 주방에서 나온 음식을 받아서 서빙합니다. 손님은 식사를 마친 다음에 계산원(cashier)에게 음식값을 지불합니다(pay).

9 http://ko.wikipedia.org/wiki/통합_모델링_언어

위와 같은 순서도를 자동으로 그려 주는 편리한 도구가 있습니다. 바로 seqdiag라는 파이썬 꾸러미입니다.

이 장에서는, seqdiag를 설치해 보고 그 사용법을 알아보도록 하겠습니다.

3.1   funcparserlib 설치

필요한 것이 하나 있는데, 이름이 좀 어렵습니다. 함수(func) 문장해석(parser) 라이브러리(lib)를 이어서 funcparserlib이라고 합니다. 앞서 설치했던 easy_install을 이용하면 말 그대로 '쉽게 설치'할 수 있습니다.

예제 5-8   funcparserlib 설치

```
C:\Users\Yong Choi>cd \Python33\Scripts

C:\Python33\Scripts>easy_install funcparserlib
Searching for funcparserlib
Best match: funcparserlib 0.3.6
Processing funcparserlib-0.3.6-py3.3.egg
funcparserlib 0.3.6 is already the active version in easy-install.pth

Using c:\python33\lib\site-packages\funcparserlib-0.3.6-py3.3.egg
Processing dependencies for funcparserlib
Finished processing dependencies for funcparserlib
```

3.2   seqdiag 설치

이제 seqdiag를 설치할 차례입니다. 설치하시기 전에 setuptools(easy_install)와 funcparserlib이 설치되어 있는지 확인해 주세요. 앞에서 소개 드린 Pillow도 필요합니다(2013년 10월에 출시된 seqdiag 0.9.0에서, 이미지 라이브러리를 PIL에서 Pillow로 변경하면서 Python 3을 지원하게 되었습니다).

다음과 같이 easy_install을 이용하여 seqdiag를 설치합니다. 이미지 라이브러리의 의존성과 관련된 문제를 피하기 위해 seqdiag의 버전을 명시하는 것이 좋습니다.

예제 5-9   `seqdiag 설치`

```
C:\Python33\Scripts>easy_install "seqdiag==0.9.0"
Searching for seqdiag==0.9.0
Reading https://pypi.python.org/simple/seqdiag/
Best match: seqdiag 0.9.0
Downloading https://pypi.python.org/packages/source/s/seqdiag/seqdiag-0.9.0.tar.
gz#md5=92946555ce219df18002e6c88b4055d3
Processing seqdiag-0.9.0.tar.gz

(중간 생략)

Installing blockdiag-script.py script to C:\Python33\Scripts
Installing blockdiag.exe script to C:\Python33\Scripts

Installed c:\python33\lib\site-packages\blockdiag-1.3.1-py3.3.egg
Finished processing dependencies for seqdiag==0.9.0
```

3.3   순서도 그리기

3.3.1 demo 순서도

필요한 꾸러미를 모두 설치하셨으면 순서도(sequence diagram)를 한번 그려 볼까
요. 우선 아주 간단한 것부터요~

seqdiag의 온라인 문서에는, 온라인 상에서 seqdiag를 바로 실행시켜 볼 수 있는 페
이지도 있습니다.

http://blockdiag.com/en/seqdiag/demo.html

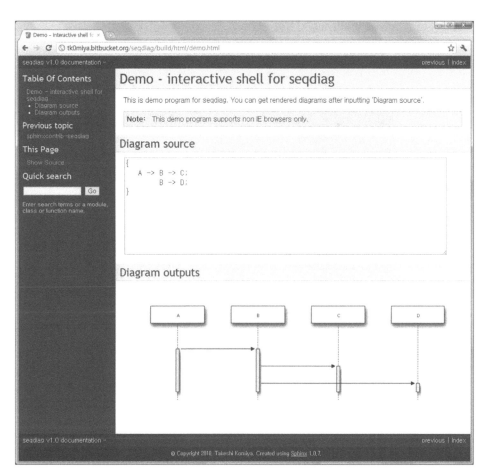

그림 5-34 ● seqdiag 시연 페이지

위의 그림과 같은 순서도를 직접 만들어 보겠습니다. 텍스트 편집기를 열어서 다음
과 같이 파일을 만들어 주세요. 둘째 줄의 `default_fontsize`는 글자 크기를 정하기
위한 것으로, 생략할 수 있습니다.

예제 5-10 `demo.diag`

```
{
    default_fontsize = 16;
    A -> B -> C;
        B -> D;
}
```

다 작성하셨으면 seqdiag를 실행해 보겠습니다.

예제 5-11 **demo** 순서도 이미지 생성

```
> seqdiag demo.diag
```

그림 5-35 ● seqdiag 실행

실행이 잘 되었을 경우에는 아무런 메시지 없이 프롬프트가 나올 것입니다. png 형식의 그림 파일이 만들어졌는지 확인해 보세요.

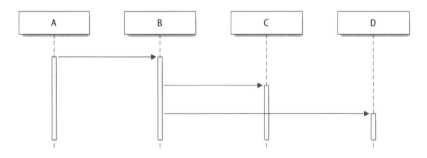

그림 5-36 ● demo.png

신기하죠?

3.3.2 식당 순서도

자, 그럼 이 장의 첫머리에서 보신 식당 순서도를 그려 보겠습니다.

예제 5-12 `restaurant.diag`

```
diagram {
    default_fontsize = 16;
    Patron ->> Waiter                    [label = "order food"];
            Waiter ->> Cook              [label = "order food"];
    Patron <<- Waiter                    [label = "serve wine"];
            Waiter <<- Cook              [label = "pickup"];
    Patron <<- Waiter                    [label = "serve food"];
    Patron                  ->> Cashier  [label = "pay"];
}
```

3.3.3 패스워드 변경 순서도

이번에는 한글을 포함하는 순서도 이미지를 만들어 보겠습니다.

예제 5-13 `passwd.diag`

```
{
    default_fontsize = 16;
    "관리 서버" => Apple  [label = "패스워드 변경"];
    "관리 서버" => Banana [label = "패스워드 변경"];
    "관리 서버" => Orange [label = "패스워드 변경"];
}
```

순서도 파일에 한글을 포함시킬 경우에는, 텍스트 편집기에서 저장하실 때 인코딩을 UTF-8로 지정해 주세요.

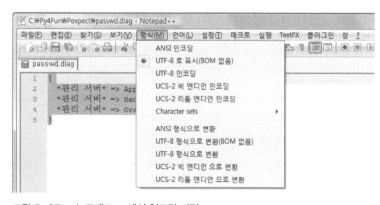

그림 5-37 ● 노트패드++에서 인코딩 지정

그리고, seqdiag를 실행할 때 -f 또는 --font 옵션에 글꼴의 위치를 지정해 주시면 됩니다.

```
> seqdiag -f C:\windows\fonts\gulim.ttc passwd.diag
```

글꼴 파일은 C:\Windows\Fonts 폴더에서 찾을 수 있습니다.

그림 5-38 ● 윈도우 글꼴 경로 확인

실행시켜 보시면 문제가 발생할 수도 있는데, 증상과 해결 방법은 다음과 같습니다.

- UnicodeDecodeError 또는 funcparserlib.lexer.LexerError: diag 파일의 인코딩이 올바르지 않기 때문입니다. UTF-8(BOM 없음)로 지정해 주세요.

- ImportError: PIL 또는 Pillow가 올바로 설치되었는지 확인합니다. PIL을 사용하는 경우에는, PIL을 제거하고 http://www.lfd.uci.edu/~gohlke/pythonlibs/ 에서 다시 내려받아서 설치해 보시기 바랍니다.

- 한글이 '■ ■ ■ ■'와 같이 표시되는 경우: -f 또는 --font 옵션을 써서 글꼴을 지정해 주세요.

아무 문제 없이 실행되었을 경우에는 다음과 같은 순서도를 보실 수 있습니다.

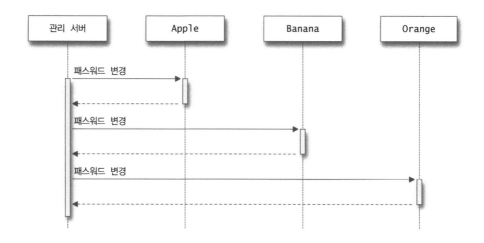

그림 5-39 ● 패스워드 변경 순서도

3.4 자매품

순서도를 그려 주는 seqdiag와 비슷한 다른 꾸러미들도 있습니다.

블록 다이어그램을 그려 주는 blockdiag

http://blockdiag.com/en/blockdiag/index.html

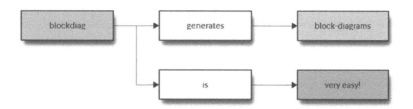

그림 5-40 ● blockdiag를 이용하여 그린 블록 다이어그램

행위 다이어그램을 그려 주는 actdiag

http://blockdiag.com/en/actdiag/index.html

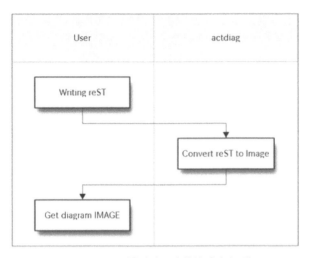

그림 5-41 ● actdiag를 이용하여 그린 행위 다이어그램

네트워크 구성도를 그려 주는 nwdiag

http://blockdiag.com/en/nwdiag/index.html

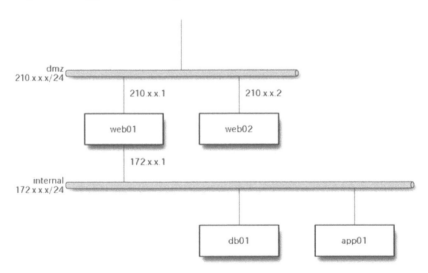

그림 5-42 ● nwdiag를 이용하여 그린 네트워크 구성도

requests

requests는 인터넷의 주요 통신 방식인 HTTP를 다루는 데에 사용할 수 있는 라이브 러리입니다. restful API와 json 등을 잘 지원하고 사용하기에도 쉽고 편리합니다.

Requests 홈페이지

http://www.python-requests.org

4.1   requests 설치

다음과 같이, Section 01에서 설치한 pip를 사용하여 requests를 설치합니다.

```
C:\Users\Yong Choi>pip install requests
Downloading/unpacking requests
    Downloading requests-2.0.1.tar.gz (412kB): 412kB downloaded
    Running setup.py egg_info for package requests

Installing collected packages: requests
    Running setup.py install for requests

Successfully installed requests
Cleaning up...
```

4.2   Github API 테스트

Requests 홈페이지의 예제를 따라 Github 사이트에 접근해 보겠습니다.

```
>>> import requests
>>> r = requests.get('https://api.github.com/user', auth=('user', 'pass'))
```

auth 인자로는 각자 사용하는 계정과 패스워드를 입력합니다.

```
>>> r.status_code
200
```

정상적으로 전송되었음을 의미하는 200 상태 코드가 돌아왔습니다.[10]

content-type과 인코딩을 확인해 봅니다.

```
>>> r.headers['content-type']
'application/json; charset=utf-8'
>>> r.encoding
'utf-8'
```

유니코드 UTF-8 문자집합으로 표기된 JSON 형식의 데이터라는 것을 알 수 있습니다.

내용을 읽어 보겠습니다.

```
>>> r.text
'{"login":"sk8erchoi", ...
```

JSON으로 디코드할 수 있습니다.

```
>>> r.json()
{'following_url': ...
```

4.3   URL 주소 검증하기

웹 문서 및 파일 등의 자원은, 그 주소(URL)가 변경되거나 삭제되는 경우가 잦습니다. 따라서 이 책의 개정판을 작성할 때에는 초판에서 소개했던 URL이 여전히 접근 가능한지 확인할 필요가 있었습니다.

정규 표현식을 써서 텍스트 파일에서 HTTP 주소를 얻어 내고, 각각에 대하여 requests 모듈을 활용하여 HTTP 응답에 대한 상태 코드를 확인하는 스크립트를 작성해 보았습니다.

---

10 HTTP 상태 코드 https://support.google.com/webmasters/answer/40132?hl=ko

예제 5-14 `urltest.py`

```python
01  #!/usr/bin/env python
02
03  import re, sys
04
05  import requests
06
07  f = open(sys.argv[1], encoding='utf-8')
08  text = f.read()
09  for url in re.findall('http[s]?://[a-zA-Z0-9_:/%$?=\.\-\+]*', text):
10      try:
11          r = requests.request('GET', url)
12          status = str(r.status_code)
13      except:
14          status = 'N/A'
15      print('%s %s' % (status, url))
```

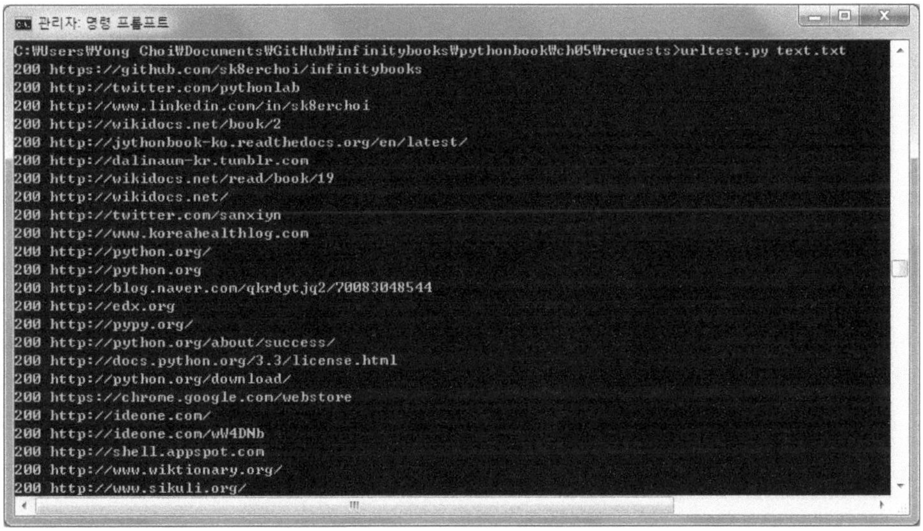

그림 5-43 ● urltest.py 실행 결과

4.4   Daum 검색 API

Requests와 Daum 검색 API를 이용하여 게시판 검색을 해 보도록 하겠습니다.

http://dna.daum.net/apis/search

4.4.1 검색 API key 얻기

Daum 검색 API를 사용하기 위해서는 API 키가 필요합니다. 아래 주소에서 신청합니다. 신청 양식에 사용 웹 사이트를 올바르게 기재하지 않으면 이용에 제한이 있을 수 있습니다.

http://dna.daum.net/myapi/dataapi/new

그림 5-44 ● Daum API key 발급 신청

발급 받은 키는 관련된 사람 이외에는 알려 주지 않도록 합니다.

4.4.2 requests를 이용하여 Daum 검색하기

```
>>> import requests
>>> p = {'q': '아이유', 'result': '2', 'pageno': '1', 'output': 'json',
'apikey': 'DAUM_SEARCH_DEMO_APIKEY'}
```

'DAUM_SEARCH_DEMO_APIKEY'는 각자 발급 받은 키를 입력합니다. 키를 발급 받지 않은 경우에는 'DAUM_SEARCH_DEMO_APIKEY'를 사용할 수 있지만, 검색 결과가 올바르지 않을 수도 있습니다.

```
>>> r = requests.get("http://apis.daum.net/search/board", params=p)
>>> r.json()
{'channel': {'link': 'http://dna.daum.net/apis', 'result': '2',
'generator': 'Daum Open API', 'pageCount': '800', 'totalCount':
'152133', 'description': 'Daum Open API search result',
'lastBuildDate': 'Tue, 26 Nov 2013 03:37:43 +0900', 'title': 'Search
Daum Open API', 'item': [{'link': 'http://bbs3.telzone.daum.net/gaia/
do/starzone/detail/read?bbsId=S000001&articleId=15708579&objCate1=112
&forceTalkro=T', 'description': '헨트폰 사용중지를 안리는 멘트 그리고 무대는 막이
오르고 . . (공연 감상중) 어렵게 고생하며 지금에 이른 &lt;b&gt;아이유&lt;/b&gt;양을 생
각하며 미아가 나올때는 맘이 아팠고,감동은 두배 여운은 네배... . . 드디어 포토 타임. 용산에
서의...', 'pubDate': '20131125112858', 'author': 'Daum 텔존', 'comment':
'http://telzone.daum.net', 'keyword': '', 'title': '131123 &lt;b&gt;
아이유&lt;/b&gt; 단독 concert Modern Times 토 by.내뜻'}, {'link': 'http://
bbs3.telzone.daum.net/gaia/do/starzone/detail/read?bbsId=S000001&art
icleId=15706489&objCate1=112&forceTalkro=T', 'description': '김이나 작
사가님의 인터뷰중에 이런 내용이 생각납니다 한참 좋은날 대히트 이후 바쁜스케쥴의 &lt;b&gt;
아이유&lt;/b&gt;양에대한 이야기를 합니다 그런데 &lt;b&gt;아이유&lt;/b&gt;양에 대
해서 이런이야기를 합니다 보통은 이정도의 큰인기를얻고 바쁜스케쥴이면...', 'pubDate':
'20131124210853', 'author': 'Daum 텔존', 'comment': 'http://telzone.
daum.net', 'keyword': '', 'title': '한결같다는것...&lt;b&gt;아이유&lt;/
b&gt;양'}]}}
```

Django 웹 프레임워크

Django[장고]는 언론사의 웹 사이트로부터 시작하여, 지금은 Python 환경의 대표적인 웹 프레임워크가 되었습니다. 2013년 11월 현재 최신 버전인 Django 1.6을 설치하고 간단히 살펴보도록 하겠습니다.

5.1   Django 1.6 다운로드와 설치

Section 01에서 설치한 pip를 이용하여 Django를 설치합니다.

```
> pip install Django
```

설치가 완료되면 Python 쉘에서 임포트하여 확인할 수 있습니다. 이때 'd' 자를 소문자로 입력합니다.

```
>>> import django
```

아무런 메시지 없이 프롬프트가 나오면 정상적으로 설치된 것입니다. Django의 버전을 확인해 봅니다.

```
>>> django.get_version()
'1.6'
```

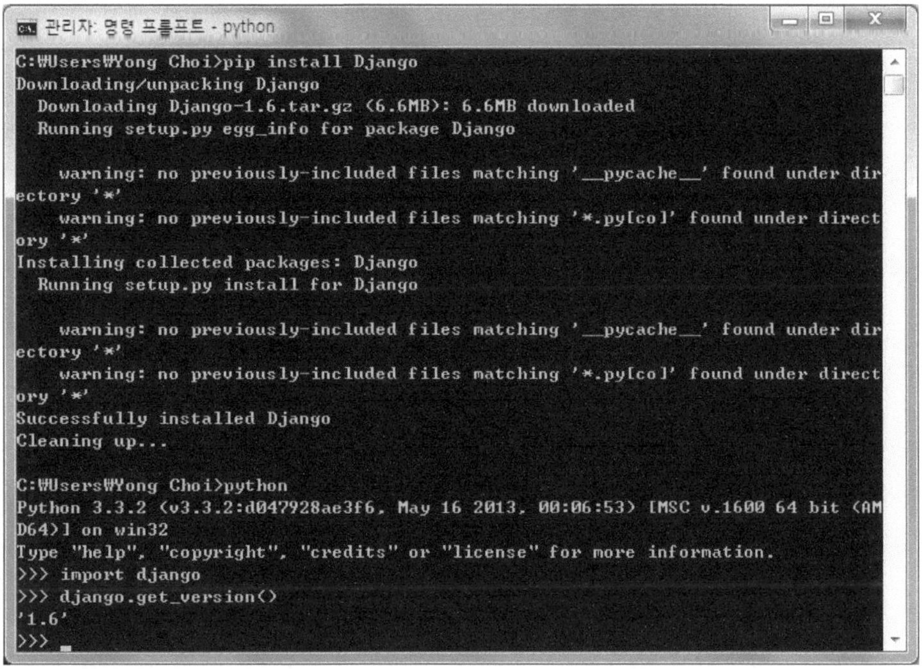

그림 5-45 ● Django 설치

Django 다운로드와 설치에 대해 자세히 알고 싶은 분은 다음의 Django 다운로드 페이지를 참조하시기 바랍니다.

https://www.djangoproject.com/download/

5.2 Django 프로젝트 만들기(startproject)

Django 프로젝트는 한 개 이상의 애플리케이션(앱)으로 구성됩니다. 쉽게 생각해서 Django 프로젝트는 웹 사이트, Django 앱은 어떤 기능을 담당하는 한 부분이라고 할 수 있습니다.

명령 프롬프트(파이썬 셸이 아님)에서 원하는 위치로 이동한 다음, django-admin.py를 사용하여 Django 프로젝트를 생성합니다.

```
> django-admin.py startproject mysite
```

위의 명령은 현재 경로에 mysite라는 이름의 프로젝트를 생성하라는 의미입니다. 아무런 메시지 없이 프롬프트가 나오면 프로젝트가 생성된 것입니다.

Django를 설치하였는데도 django-admin.py가 동작하지 않는다면, 경로 문제일 수 있습니다. 1장의 내용을 참고하여 PATH 환경 변수에 해당 경로(C:\Python33\Scripts)가 등록되어 있는지 확인하기 바랍니다.

dir 명령 또는 윈도우즈 탐색기 등으로 해당 폴더를 살펴봅니다. manage.py와 함께, 프로젝트 이름과 같은 이름으로 또 한 개의 폴더가 만들어져 있을 것입니다.

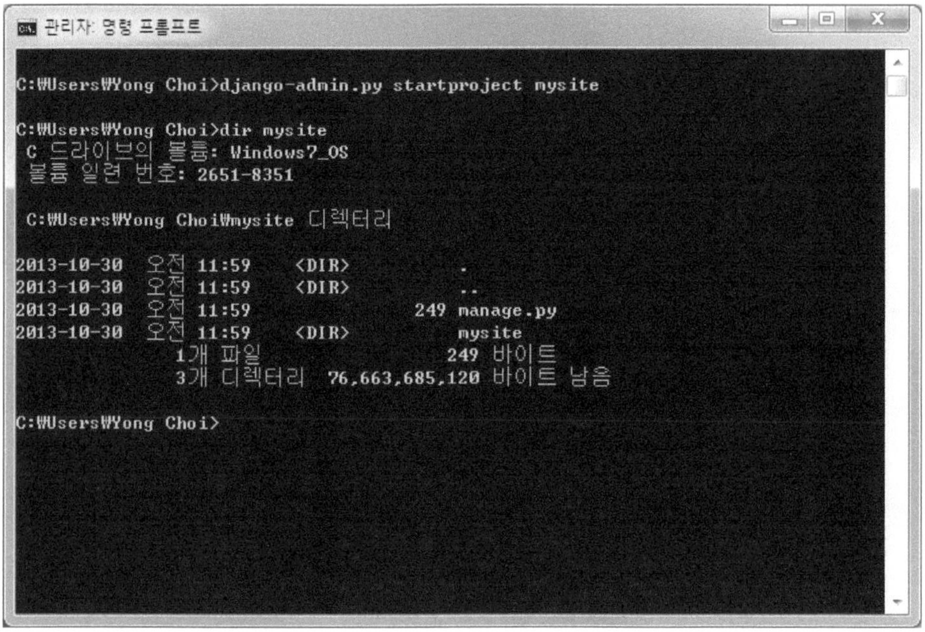

그림 5-46 • Django 프로젝트 생성

현재 mysite의 전체 구조는 다음과 같습니다.

```
mysite/
    manage.py
    mysite/
        __init__.py
        settings.py
        urls.py
        wsgi.py
```

5.3 개발 서버 기동(runserver)

Django에는 개발 과정에서 테스트를 쉽게 할 수 있도록 서버를 포함하고 있습니다. 방금 생성한 프로젝트를 개발 서버에서 띄워보겠습니다.

```
> cd mysite
> python manage.py runserver
```

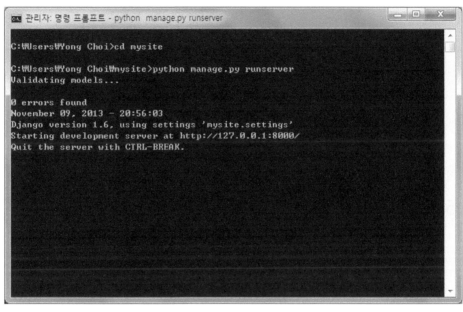

그림 5-47 • Django 개발 서버 기동

개발 서버의 실행을 알리는 메시지에 IP 주소가 표시됩니다. 이 주소를 웹 브라우저에서 열면 "It worked!"라는 메시지가 있는 페이지를 볼 수 있습니다. IP와 port 번호를 지정하지 않았을 때의 기본 주소는 다음과 같습니다.

http://127.0.0.1:8000/

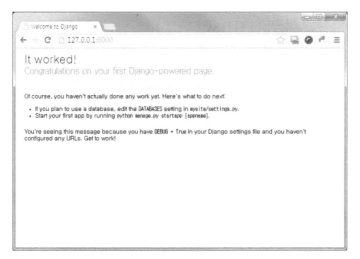

그림 5-48 ● Welcome to Django 페이지

개발 서버의 실행을 중지시키려면 명령 프롬프트에서 〈Ctrl〉 + 〈c〉를 입력합니다.

5.4 Hello Django!

5.4.1 views.py

'Hello Django'를 화면에서 볼 수 있도록 뷰(view)를 작성해 보겠습니다. mysite/ mysite 폴더 내에 views.py라는 이름의 파일을 만들고 그 내용을 다음과 같이 입력합니다.

예제 5-15 `views.py`

```
01  from django.http import HttpResponse
02
03  def hello(request):
04      return HttpResponse("Hello Django!")
```

5.4.2 urls.py

같은 폴더에 있는 urls.py 파일을 열어, 다음과 같이 수정합니다(굵은 글씨로 표시된 두 줄만 추가하면 됩니다).

```
01  from django.conf.urls import patterns, include, url
02  from mysite.views import hello
03
04  from django.contrib import admin
05  admin.autodiscover()
06
07  urlpatterns = patterns('',
08      # Examples:
09      # url(r'^$', 'mysite.views.home', name='home'),
10      # url(r'^blog/', include('blog.urls')),
11
12      url(r'^hello/', hello),
13
14      url(r'^admin/', include(admin.site.urls)),
15  )
```

5.4.3 결과 확인

개발 서버를 실행시키고, 웹 브라우저에 다음의 주소를 입력하여 결과를 확인할 수 있습니다.

http://127.0.0.1:8000/hello/

개발 서버가 실행 중이 아닌 경우에는, 웹 브라우저에 페이지를 찾을 수 없다는 메시지가 보일 수 있습니다. 개발 서버를 중지하였다면, 명령 프롬프트에서 다시 실행시킨 다음 접속합니다. 개발 서버가 이미 실행 중이라면, 재시작할 필요 없이 변경 내용이 바로 적용됩니다.

그림 5-49 ● Hello Django!

이제 http://127.0.0.1:8000/으로 접속하더라도 처음에 확인했던 "It worked"라는 메시지는 더 이상 보이지 않으며, 아래 그림과 같이 Page not found(결과 코드 404) 메시지가 보여지게 됩니다.

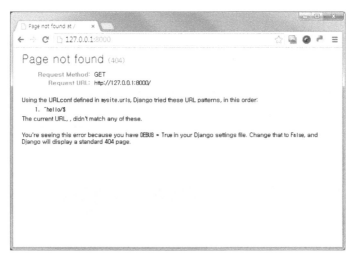

그림 5-50 ● Django의 404 페이지

5.5 숫자 계산(쿼리 문자열 사용하기)

URL에 따라붙는 쿼리 문자열을 통하여 두 개의 숫자를 입력 받아, 덧셈 결과를 출력하도록 만들어 보겠습니다.

5.5.1 startapp

calc라는 이름으로 앱을 생성합니다.

```
> django-admin.py startapp calc
```

mysite 프로젝트 폴더에 calc 폴더가 생성되어 다음과 같은 구조가 됩니다.

```
mysite/
    manage.py
    calc/
        __init__.py
        admin.py
        models.py
        tests.py
        views.py
    mysite/
        __init__.py
        settings.py
        urls.py
        views.py
        wsgi.py
```

5.5.2 views.py

새로 생성된 calc 디렉터리 내의 views.py를 다음과 같이 작성합니다.

```python
from django.http import HttpResponse

def add(request):
    num1 = int(request.GET['a'])
    num2 = int(request.GET['b'])
    result = num1 + num2
    return HttpResponse(result)
```

5.5.3 urls.py

mysite/mysite/urls.py에는 import 문과 urlpatterns에 각각 한 행 씩을 추가합니다.
추가할 부분을 굵은 글씨로 표시하였습니다.

```
from django.conf.urls import patterns, include, url
from mysite.views import hello
from calc.views import add

from django.contrib import admin
admin.autodiscover()

urlpatterns = patterns('',
    # Examples:
    # url(r'^$', 'mysite.views.home', name='home'),
    # url(r'^blog/', include('blog.urls')),

    url(r'^hello/', hello),
    url(r'^calc/add$', add),

    url(r'^admin/', include(admin.site.urls)),
)
```

5.5.4 결과 확인

웹 브라우저의 주소 입력란에 다음과 같이 입력해 봅니다.

http://127.0.0.1:8000/calc/add?a=2&b=3

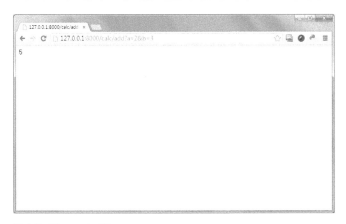

그림 5-51 ● calc 앱

5.6 데이터베이스 및 admin 구성하기(syncdb)

5.6.1 settings.py

mysite/mysite 폴더의 settings.py 파일을 편집합니다.

INSTALLED_APPS을 확인합니다. Django 1.5 이하 버전에서는 'django.contrib. admin'이 주석 처리되어 있으므로 # 문자를 제거하여 주석을 해제합니다.

```
INSTALLED_APPS = (
    'django.contrib.admin',
    'django.contrib.auth',
    'django.contrib.contenttypes',
    'django.contrib.sessions',
    'django.contrib.messages',
    'django.contrib.staticfiles',
)
```

DATABASES를 확인합니다. Django 1.6 이상인 경우 sqlite3로 기본 설정이 되어 있으므로 그대로 사용하면 됩니다. Django 1.5 이하 버전인 경우 다음과 같이 수정합니다.

```
import os

BASE_DIR = os.path.dirname(os.path.dirname(__file__))

DATABASES = {
    'default': {
        'ENGINE': 'django.db.backends.sqlite3',
        'NAME': os.path.join(BASE_DIR, 'db.sqlite3'),
    }
}
```

LANGUAGE_CODE와 TIME_ZONE을 수정합니다.

```
LANGUAGE_CODE = 'ko-kr'

TIME_ZONE = 'KST'
```

5.6.2 syncdb

명령 프롬프트에서 개발 서버를 중지하고 다음과 같이 입력합니다.

```
> python manage.py syncdb
```

관리자(superuser)를 생성할 것인지 물으면 yes로 답하고, 사용자명, 이메일 주소,
패스워드를 입력합니다.

```
C:\Users\Yong Choi\mysite>python manage.py syncdb
Creating tables ...
Creating table django_admin_log
Creating table auth_permission
Creating table auth_group_permissions
Creating table auth_group
Creating table auth_user_groups
Creating table auth_user_user_permissions
Creating table auth_user
Creating table django_content_type
Creating table django_session

You just installed Django's auth system, which means you don't have any superuse
rs defined.
Would you like to create one now? (yes/no): yes
Username (leave blank to use 'yongchoi'):
Email address: sk8er.choi@gmail.com
Password:
Password (again):
Superuser created successfully.
Installing custom SQL ...
Installing indexes ...
Installed 0 object(s) from 0 fixture(s)

C:\Users\Yong Choi\mysite>
```

그림 5-52 ● 데이터베이스 생성

관리자 기능을 위한 데이터베이스 테이블 및 인덱스 등이 생성된 것을 확인할 수 있
습니다.

5.6.3 urls.py

이제 urls.py 파일을 열어 봅니다. 역시 Django 1.6 이상에서는 다음과 같이 되어 있
으므로 그대로 사용하면 되고, Django 1.5 이하에서는 # 문자를 제거하여 주석을 해
제합니다.

```
from django.contrib import admin
admin.autodiscover()
```

5.7 admin 사용하기

개발 서버를 실행시키고, 웹 브라우저에서 다음 주소를 입력하여 admin 페이지에 로그인합니다.

http://127.0.0.1:8000/admin/

사용자명과 비밀번호는 앞에서 syncdb를 할 때 생성한 것을 사용하면 됩니다.

그림 5-53 ● Django admin 로그인

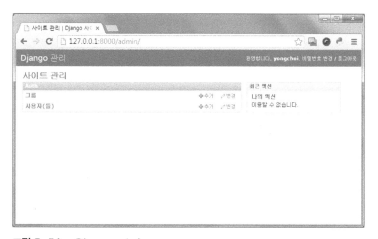

그림 5-54 ● Django admin

Django Admin의 Auth – 사용자(들) 화면으로 이동하면 사용자의 목록을 볼 수 있습니다.

그림 5-55 ● Django admin – 사용자 목록

사용자명을 클릭하면 상세 화면으로 이동합니다. 이름과 이메일 주소, 권한 및 그룹 등의 설정을 변경할 수 있습니다.

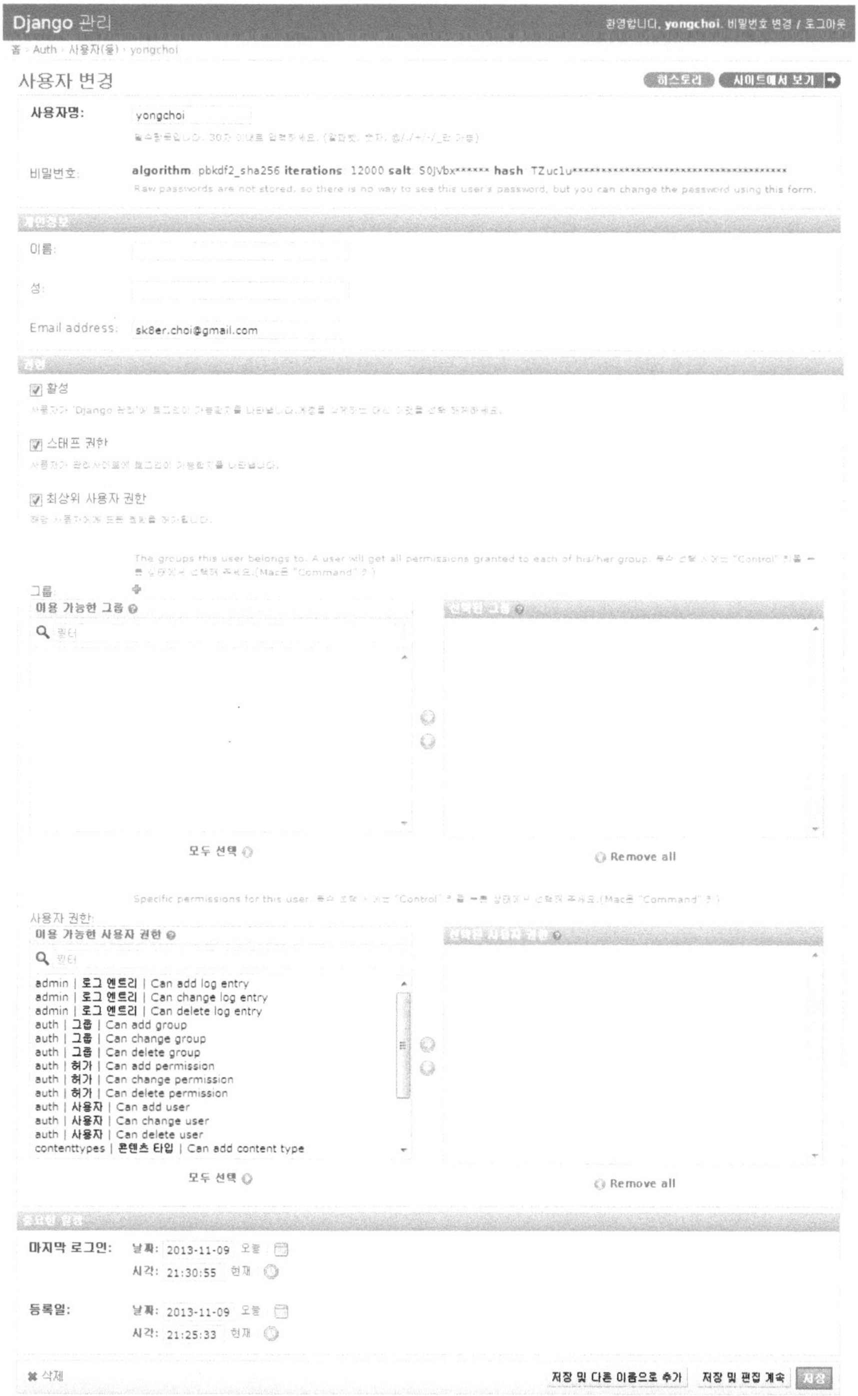

그림 5-56 ● Django admin – 사용자 상세

5.8 Django admin을 이용한 용돈 기입장

Django를 이용하여 간단한 용돈 기입장을 만들어 보겠습니다.

5.8.1 startapp

명령 프롬프트에서 바깥쪽 mysite 폴더(manage.py가 있는 곳)로 이동하고, 다음의 명령을 입력하여 moneybook이라는 이름의 애플리케이션을 추가합니다.

```
> django-admin.py startapp moneybook
```

moneybook 폴더가 만들어졌을 것입니다. 현재 `mysite`의 전체 구조는 다음과 같습니다.

```
mysite/
    db.sqlite3
    manage.py
    calc/
        __init__.py
        admin.py
        models.py
        tests.py
        views.py
    moneybook/
        __init__.py
        admin.py
        models.py
        tests.py
        views.py
    mysite/
        __init__.py
        settings.py
        urls.py
        views.py
        wsgi.py
```

5.8.2 models.py

다음의 예제와 같이 mysite/moneybook/models.py 파일을 편집하여 모델을 만듭니다. 클래스의 이름은 지출 내역이라는 의미로 Transaction이라고 하였습니다. 그리고 지출 금액, 내역, 날짜는 각각 value, name, date라고 하였습니다.

예제 5-17   moneybook/models.py

```
01  from django.db import models
02
03  class Transaction(models.Model):
04      value = models.DecimalField(decimal_places=0, max_digits=10)
05      name = models.CharField(max_length=20)
06      date = models.DateField()
07
08      def __str__(self):
09          return self.name
```

__str__() 메서드는 반드시 필요한 것은 아니지만, 위와 같이 만들어 두면 admin을 활용할 때에 데이터의 표현을 자동으로 처리해 주므로 편리합니다. Python 2에서는 __unicode__() 또는 __str__()을 사용하였지만 Python 3에서는 __str__()만 사용합니다.

이제 프로젝트에서 moneybook 앱을 사용하도록 설정하겠습니다. mysite/settings.py를 열어 INSTALLED_APPS에 moneybook을 추가합니다.

```
INSTALLED_APPS = (
    'django.contrib.admin',
    'django.contrib.auth',
    'django.contrib.contenttypes',
    'django.contrib.sessions',
    'django.contrib.messages',
    'django.contrib.staticfiles',
    'moneybook',
)
```

새로 만든 moneybook 모델에 해당하는 테이블을 데이터베이스에 실제로 만들기 위해, 명령 프롬프트에서 다음과 같이 syncdb를 실행합니다.

```
C:\Users\Yong Choi\mysite> python manage.py syncdb
Creating tables ...
Creating table moneybook_transaction
Installing custom SQL ...
Installing indexes ...
Installed 0 object(s) from 0 fixture(s)
```

위와 같이 메시지를 통해 moneybook_transaction이라는 이름의 테이블이 생성된 것을 확인할 수 있습니다.

5.8.3 admin.py

이제 데이터를 입출력하는 화면이 필요합니다. 뷰와 템플릿을 직접 작성할 수도 있지만, Django의 admin을 활용하면 손쉽게 만들어 낼 수 있습니다.

mysite/moneybook/admin.py 파일을 만듭니다.

예제 5-18 **moneybook/admin.py**

```
01  from django.contrib import admin
02  from moneybook.models import Transaction
03
04  admin.site.register(Transaction)
```

개발 서버를 다시 실행하고, 웹 브라우저에서 admin 페이지를 열어 봅니다.

그림 5-57 ● Moneybook 앱이 등록된 Django admin 페이지

그림과 같이 admin 페이지에 Moneybook 앱이 등록된 것을 볼 수 있습니다.
Transactions 박스의 '추가'를 클릭하여 데이터를 입력해 봅니다.

그림 5-58 ● Django admin – transaction(지출 내역) 입력

데이터를 입력하고 목록 화면으로 돌아와 보면 행이 추가된 것을 볼 수 있습니다.

그림 5-59 ● Django admin – transaction 목록

transaction 목록에 날짜와 지출 금액도 함께 표시되면 좋겠습니다. admin.py 파일을 다음과 같이 수정합니다.

```
from django.contrib import admin
from moneybook.models import Transaction

class TransactionAdmin(admin.ModelAdmin):
    list_display = ('date', 'name', 'value')

admin.site.register(Transaction, TransactionAdmin)
```

그림 5-60 ● Django admin – Name과 Value 필드가 표시된 지출 목록

이와 같이 Django의 admin을 활용하면 관리자를 위한 화면뿐만 아니라, 혼자서 사용하기 위한 간단한 프로그램이라든지, 모델이 확정되지 않은 상태의 개발 단계에서 사용자에게 의견을 물어 보기 위해 간단히 데이터 입출력 기능을 만들어 보는 용도로도 사용할 수 있습니다.

실제 사용자들에게 보이기 위한 페이지나, 복잡한 처리가 필요한 기능을 만들 때에는 뷰와 템플릿을 작성하게 됩니다. 그에 대해서는 Django를 다루는 책이나 온라인 문서를 참조하기 바랍니다.

Section 06

외래어 한글 표기
한글라이즈(Hangulize)

Hangulize는 Python 3을 지원하지 않습니다.

외래어를 한글로 쓰려다 보면 어떻게 표기하는 것이 옳은지 헷갈릴 때가 있습니다. 같은 단어를 사람들이 저마다 다르게 표기한다든지, 원래 발음과 더 가깝게 표기할 수 있는데도 엉뚱하게 표기하는 경우도 있습니다.

한글라이즈 누리집을 방문해 보시기 바랍니다. 외국어 원문을 입력하면, 외래어 한글표기 규칙에 맞도록 한글로 바꾸어 줍니다.

http://www.hangulize.org

2013년 현재, 한글라이즈는 38개 언어를 한글로 변환할 수 있습니다.

그림 5-61 ● 한글라이즈 사이트

6.1 한글라이즈 모듈 설치

6.1.1 pip로 설치

한글라이즈는 Python 3을 지원하지 않으므로 Python 2 환경에 설치하여야 합니다. Python 2에 pip를 설치하였다면, 다음과 같이 pip를 사용하여 한글라이즈를 설치할 수 있습니다.

```
> pip-2.7 install hangulize
```

6.1.2 설치 파일을 다운로드하여 설치

또는, 깃허브(github) 사이트에서 압축 파일을 내려받을 수도 있습니다.

https://github.com/sublee/hangulize

git 클라이언트를 사용하여 원격 저장소를 복제하는 방법도 있습니다.

```
$ git clone git://github.com/sublee/hangulize.git
```

설치 파일이 준비되면 아래와 같이 setup.py를 실행시켜서 설치합니다.

```
$ python setup.py install
```

6.1.3 설치 확인

한글라이즈를 설치하였으면 대화식 번역기에서 시험해 보시기 바랍니다.

```
>>> from hangulize import hangulize
>>> print(hangulize('Primera Liga', 'spa'))
프리메라 리가
```

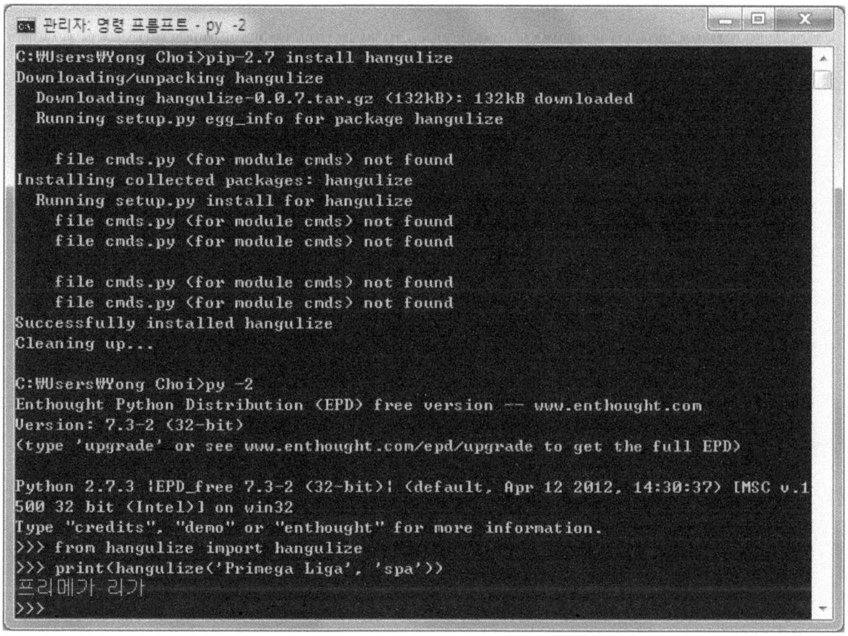

그림 5-62 • hangulize 설치

6.2   프리메라 리가 구단 이름 읽기

'프리메라 리가'는 스페인의 프로 축구 리그인 '리가 나시오날 데 풋볼 프로페시오날'
중 최상위 리그라고 합니다. 2011−12 시즌 참가 클럽들의 이름을 원문으로는 어떻
게 썼는지 찾아보았습니다.[11]

```
Futbol Club Barcelona(카탈루냐어)
Real Madrid Club de Fútbol(이하 스페인어)
València Club de Futbol
Villarreal Club de Fútbol, S.A.D.
Athletic Club
Sevilla Fútbol Club S.A.D.
Club Atlético de Madrid S.A.D.
Reial Club Deportiu Espanyol de Barcelona
Real Racing Club de Santander
Málaga Club de Fútbol
Real Club Deportivo Mallorca
```

11 http://ko.wikipedia.org/wiki/프리메라리가

```
Levante Unión Deportiva
Real Sociedad
Club Atlético Osasuna
Real Sporting de Gijón
Club Atlético Osasuna
Real Zaragoza
Real Betis Balompié
Rayo Vallecano de Madrid, S.A.D.
```

구단명은 대부분 스페인어이고, 카탈루냐어로 표기한 곳도 있습니다. 한글로 표기하면 어떻게 될지 궁금합니다.

예제 5-19 `primera_liga.py`

```python
01  #!/usr/bin/env python2
02  # -*- coding: utf-8 -*-
03
04  from hangulize import hangulize
05
06  clubs = {
07      u'Futbol Club Barcelona': 'cat',
08      u'Real Madrid Club de Fútbol': 'spa',
09      u'València Club de Futbol': 'spa',
10      u'Villarreal Club de Fútbol, S.A.D.': 'spa',
11      u'Athletic Club': 'spa',
12      u'Sevilla Fútbol Club S.A.D.': 'spa',
13      u'Club Atlético de Madrid S.A.D.': 'spa',
14      u'Reial Club Deportiu Espanyol de Barcelona': 'spa',
15      u'Real Racing Club de Santander': 'spa',
16      u'Málaga Club de Fútbol': 'spa',
17      u'Real Club Deportivo Mallorca': 'spa',
18      u'Levante Unión Deportiva': 'spa',
19      u'Real Sociedad': 'spa',
20      u'Club Atlético Osasuna': 'spa',
21      u'Real Sporting de Gijón': 'spa',
22      u'Club Atlético Osasuna': 'spa',
23      u'Real Zaragoza': 'spa',
24      u'Real Betis Balompié': 'spa',
25      u'Rayo Vallecano de Madrid, S.A.D.': 'spa'
26      }
27
28  for name, lang in clubs.iteritems():
29      print('%s(%s)' % (name, hangulize(name, lang)))
```

- **1 ~ 2행:**

  Python 2 환경에서 실행되며, UTF-8 인코딩으로 파일을 작성하였음을 명시했습니다.

- **4행:**

  hangulize 모듈에서 동명의 함수를 가져옵니다.

- **6 ~ 26행:**

  구단명을 열쇠말(key)로 하고, 원문이 표기된 언어를 값(value)으로 갖는 clubs 사전을 만들어 보았습니다. 카탈루냐어가 cat, 스페인어는 spa입니다. 구단명 앞에는 u를 붙여 유니코드 문자열로 만들어 주었습니다.

- **28 ~ 29행:**

  사전의 원소를 하나씩 차례대로 꺼내는 iteritems 함수를 이용해서 for 문을 작성해 보았습니다.[12] 다 작성하셨으면 IDLE에서 메뉴 → Run → Run Module을 선택하여 실행시켜 보시기 바랍니다.

```
76 Python Shell
File  Edit  Shell  Debug  Options  Windows  Help
Python 2.7.3 |EPD_free 7.3-2 (32-bit)| (default, Apr 12 2012, 14:30:37) [MSC v.1500 32
bit (Intel)] on win32
Type "copyright", "credits" or "license()" for more information.
>>> ================================ RESTART ================================
>>>
Athletic Club (아틀레틱 클루브)
Real Racing Club de Santander (레알 라싱그 클루브 데 산탄데르)
València Club de Futbol (발렌시아 클루브 데 푸트볼)
Levante Unión Deportiva (레반테 우니온 데포르티바)
Real Betis Balompié (레알 베티스 발롬피에)
Real Zaragoza (레알 사라고사)
Club Atlético de Madrid S.A.D. (클루브 아틀레티코 데 마드리드 스.아.드.)
Club Atlético Osasuna (클루브 아틀레티코 오사수나)
Real Club Deportivo Mallorca (레알 클루브 데포르티보 마요르카)
Futbol Club Barcelona (풋볼 클루브 바르셀로나)
Real Sporting de Gijón (레알 스포르팅그 데 히혼)
Sevilla Fútbol Club S.A.D. (세비야 푸트볼 클루브 스.아.드.)
Real Madrid Club de Fútbol (레알 마드리드 클루브 데 푸트볼)
Real Sociedad (레알 소시에다드)
Reial Club Deportiu Espanyol de Barcelona (레이알 클루브 데포르티우 에스파니올 데 바르셀로나)
Málaga Club de Fútbol (말라가 클루브 데 푸트볼)
Rayo Vallecano de Madrid, S.A.D. (라요 바예카노 데 마드리드, 스.아.드.)
Villarreal Club de Fútbol, S.A.D. (비야레알 클루브 데 푸트볼, 스.아.드.)
>>>
                                                                          Ln: 23 Col: 4
```

그림 5-63 ● 프리메라리가 구단명 한글 표기 실행 결과

---

12 http://docs.python.org/tutorial/datastructures.html#looping-techniques

Pexpect로 시스템 관리

7.1 미션: 패스워드를 변경하라!

여러 대의 원격 시스템에 있는 특정한 계정의 패스워드를 모두 바꾸어 주는 스크립트를 만들어 보았습니다.

예를 들어, apple, banana, orange라는 세 대의 시스템에 각각 yong이라는 계정이 있는데, 현재 사용하는 old123이라는 패스워드를 new123으로 변경하고자 하는 경우입니다. 단, root로 로그인할 수 없고, /etc/passwd 파일을 직접 수정할 수도 없고, 계정 관리 도구를 사용할 수도 없어서 시스템마다 일일이 접속해서 passwd 명령을 쳐야 하는 상황이라고 가정합니다.

수작업으로 패스워드를 변경하는 방법은 어떻게 되는지 생각해 보겠습니다.

```
telnet apple
login: yong
password: old123
$ passwd
(Current) password: old123
New password: new123
Re-enter New Password: new123
Password successfully changed.
```

시스템마다 조금씩 차이는 있겠지만, 대략 위와 같은 순서가 됩니다. 이런 일을 수행하는 파이썬 스크립트를 만들어 보려는 것입니다. 작성한 스크립트는 각 시스템에 모두 배포하는 것이 아니라, 관리 서버 한 곳에만 두고 실행시키면 각 대상 시스템에 접속해서 passwd 명령을 수행하도록 하려고 합니다.

7.2 Pexpect

원격 시스템에 명령을 내리는 일을 파이썬으로 자동화하려고 할 때에는 Pexpect를 사용하면 아주 편리합니다. 원래 tcl 언어를 확장한 expect라는 도구가 있는데, 그것을 파이썬으로 구현한 것이 Pexpect입니다.[13]

https://pypi.python.org/pypi/pexpect/

7.2.1 pip를 사용하여 Pexpect 설치

다음과 같이 pip를 이용하여 Pexpect를 설치합니다. Pexpect는 유닉스 또는 리눅스 환경에서만 설치할 수 있습니다.[14]

```
$ pip install pexpect
```

7.2.2 setup.py를 사용한 Pexpect 설치와 Home scheme

pip 또는 setuptools(easy_install)를 사용하지 않는 경우에는 다음과 같이 압축된 설치 파일을 내려받아서 압축을 풀고, setup.py를 실행하여 설치할 수도 있습니다.

```
$ wget https://pypi.python.org/packages/source/p/pexpect/pexpect-3.0.tar.gz

$ gzip -dc pexpect-3.0.tar.gz | tar xf -

$ cd pexpect-3.0

$ python setup.py install
```

제 경우에는 시스템에 python이 설치되어 있기는 했지만 시스템 관리자(root) 계정을 얻기가 번거롭다는 문제가 있었습니다. 그래서 일반적인 설치 방법과는 조금 다른 방법을 시도해 보았습니다.

```
$ python setup.py install --home=~
```

---

[13] http://en.wikipedia.org/wiki/Expect

[14] Pexpect를 윈도우 환경에서 동작하도록 만든 WinPexpect가 있습니다. https://bitbucket.org/geertj/winpexpect/wiki/Home

'홈 스킴(home scheme)'이라는 구성 방법으로, 자신의 홈 디렉터리 아래에 lib/python이 만들어지면서 모듈이 설치됩니다.

홈 스킴으로 설치할 경우에는 파이썬 모듈 경로를 설정해 주는 과정이 필요합니다. C셸을 쓰신다면 .cshrc에 이렇게 추가해 주시고,

```
$ setenv PYTHONPATH "${HOME}/lib/python"
```

bash나 콘셸을 쓰신다면 .bashrc 또는 .profile에 이렇게 추가하시면 됩니다.

```
$ export PYTHONPATH="${HOME}/lib/python"
```

파이썬을 설치하는 여러 가지 방법에 대해 자세히 알고 싶으시면 아래 문서를 참고하시기 바랍니다.

http://docs.python.org/install/index.html

7.2.3 Pexpect 설치 확인

Pexpect가 잘 설치되었는지는 다음과 같이 간단히 테스트해 볼 수 있습니다.

```
>>> import pexpect
>>> pexpect.run('ls -la')
```

이제 모든 준비가 끝났습니다.

7.3   패스워드 변경 스크립트

예제 5-20   changepw.py

```
01  #!/usr/bin/python
02
03  """
04  Changes password of a user account of remote system via telnet.
05
06  Yong Choi (sk8er.choi@gmail.com)
07  """
08
09  import pexpect, getopt, sys, time, os
```

```
10
11  def changepw(host, user, oldpw, newpw):
12      child = pexpect.spawn('telnet %s' % host)
13      child.expect('ogin:')
14      child.sendline(user)
15      child.expect('assword:')
16      child.sendline(oldpw)
17      child.sendline('sh')
18      child.sendline('LANG=C')
19      child.sendline('passwd')
20      child.expect(['Current', 'Old'])
21      child.sendline(oldpw)
22      child.expect('New password:')
23      child.sendline(newpw)
24      child.expect(['Re-enter', 'again'])
25      child.sendline(newpw)
26      child.sendline('exit');
27      child.sendline('exit');
28      child.expect(pexpect.EOF);
29      print(child.before)
30
31  def usage():
32      filename = os.path.basename(sys.argv[0])
33      print('usage: %s [-t] host user oldpw newpw' % filename)
34
35  def test(host, user, oldpw, newpw):
36      print(host)
37      #print(user)
38      #print(oldpw)
39      #print(newpw)
40
41  def main():
42      try:
43          opts, args = getopt.getopt(sys.argv[1:], 'h:t', ["help"])
44      except getopt.GetoptError, err:
45          print(err)
46          usage()
47          sys.exit(2)
48      testmode = False
49      for o, a in opts:
50          if o in ("-h", "--help"):
51              usage()
```

```
52          sys.exit()
53      elif o == "-t":
54          testmode = True
55
56  try:
57      host, user, oldpw, newpw = tuple(args)
58  except:
59      usage()
60      sys.exit(2)
61
62  if testmode:
63      test(host, user, oldpw, newpw)
64  else:
65      changepw(host, user, oldpw, newpw)
66
67  if __name__ == "__main__":
68      main()
```

- **1행:**
  스크립트의 첫 줄에 #! 뒤에다가 번역기의 경로를 적어 주면, 나중에 실행할 때에 그 위치에 있는 번역기를 통해 스크립트를 해석하게 됩니다.

- **3 ~ 7행:**
  스크립트에 대한 설명입니다.

- **9행:**
  스크립트 작성에 필요한 뭉치(module)들을 들여왔습니다(import).

  – Pexpect는 방금 설명드렸고,

  – 명령어 인터페이스를 구현하다 보면 인자를 받고 선택 사항을 처리하는 코드가 필요하기 마련입니다. 이런 일을 편리하게 해 주는 것이 바로 getopt 뭉치입니다. 사실 파이썬 2.7에서 제공하는 argparse가 더 좋기는 하지만, 파이썬 2.4가 설치된 시스템에서도 바로 쓸 수 있는 getopt를 쓰기로 했습니다.

  – 시스템 및 운영 체제와 관련된 처리를 위해 sys, os 뭉치도 가져왔습니다.

- **11 ~ 29행:**
  pexpect를 사용해서 텔넷 접속과 passwd 변경을 구현했는데, 별 것 없습니다. 시스템에서 하는 얘기는 expect()로 듣고, 사용자가 하는 이야기는 sendline()으로 보내면 됩니다. expect()에서는 시스템에 출력되는 메시지의 패턴을 정규 표현식을 통해 맞춰 봅니다.

시스템에서 한글 메시지가 나오면 expect를 실행할 때 정규 표현식 처리 중에 오류가 발생하길래, LANG 환경 변수를 C로 정해서 항상 영문 메시지가 나오도록 했습니다. 환경 변수 설정 방법은 쉘의 종류에 따라 다르다 보니, 복잡하게 생각할 것 없이 그냥 텔넷 접속 후에 sh를 호출해서 그 안에서 passwd를 실행시키는 꼼수를 부렸습니다. 'exit' 명령을 두 번 실행하는 이유가 그것 때문입니다.

- **31 ~ 33행:**
  스크립트의 사용법(usage)을 알려 주는 함수입니다.

- **35 ~ 39행:**
  테스트 목적으로, 실제로는 수행되지 않도록 할 수도 있게끔 만들었습니다.

- **41 ~ 65행:**
  주(main) 함수입니다. 인자와 선택 사항을 받고, 필요에 따라 함수를 호출하는 일을 처리합니다.

- **67 ~ 68행:**
  이 스크립트를 실행시켰을 때 해야 할 일-- main() 함수 실행하기--을 정해 두었습니다.

7.4 xargs

앞에서 보여 드린 파이썬 스크립트는 한 시스템의 계정 하나에 대해서만 패스워드를 변경하도록 작성한 것입니다. 여러 시스템에 차례로 접속하면서 패스워드를 변경하는 기능은 파이썬으로 굳이 직접 구현할 필요 없이, 유닉스에서 제공하는 xargs라는 명령을 사용해도 되기 때문입니다.[15]

예제 5-21	hostlist.txt

```
01  apple
02  banana
03  orange
```

위와 같이 호스트 목록 파일을 하나 만드시고, 다음과 같이 파이프(|)를 이용해서 xargs로 넘겨주시면 됩니다.

```
$ cat hostlist.txt | xargs -I {} changepw.py {} yong old123 new123
```

---

15 xargs에 대해서는 이 블로그를 참고하세요. http://ndba.egloos.com/2946820

7.5 다른 방법들

어떤 환경에서 어떤 작업을 하는지에 따라, 앞에서 보여 드린 것과 다른 방식의 구현을 고려해 볼 수 있습니다.

- 시스템 관리자 계정을 사용할 수 있는 경우에는 /etc/shadow 파일을 직접 수정하는 방법이 있습니다.[16]

- 시스템에 SSH(시큐어 쉘)을 통해 접속할 수 있다면 다음과 같은 SSH 래퍼(wrapper) 모듈을 사용할 수 있습니다.

  - pssh
    OpenSSH를 병렬로 수행할 수 있습니다.

    http://code.google.com/p/parallel-ssh/

  - tomahawk
    다음과 같이 간단한 방법으로 여러 시스템에 명령을 내릴 수 있습니다.

    ```
    $ tomahawk -h host1,host2,host3 uptime
    ```

    https://github.com/oinume/tomahawk/wiki

  - fabric
    SSH를 통하여 애플리케이션의 배포 및 시스템 관리를 자동화하기 위한 모듈입니다.
    http://fabfile.org

    다음과 같이 fabfile이라고 하는 스크립트를 작성하고,

    ```
    from fabric.api import run

    def host_type():
        run('uname -s')
    ```

    각 시스템에 원격으로 명령을 수행할 수 있습니다.

    ```
    $ fab -H localhost,linuxbox host_type
    [localhost] run: uname -s
    [localhost] out: Darwin
    [linuxbox] run: uname -s
    [linuxbox] out: Linux

    Done.
    Disconnecting from localhost... done.
    Disconnecting from linuxbox... done.
    ```

---

16 파이썬 마을에도 관련 질문이 있었습니다. http://python.kr/viewtopic.php?p=64067

파이썬 구글 차트

구글에서는 개발자를 위한 여러 서비스를 제공하는데, 그중에는 차트(그래프)를 그려 주는 Google Charts가 있습니다.

https://developers.google.com/chart/

Google Charts를 Python에서 사용하기 좋도록 감싼 래퍼(wrapper)로, Python Google Chart(pygooglechart)와 GChartWrapper 등이 있습니다.

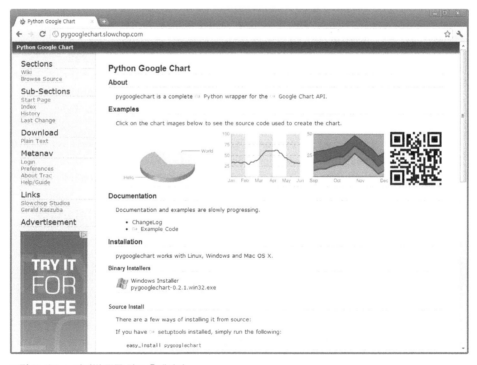

그림 5-64 ● 파이썬 구글 차트 홈페이지

pygooglechart를 설치해서 간단한 예제를 시험해 본 다음에, 데이터 파일을 읽어서 차트를 그리는 프로그램으로 발전시켜 보도록 하겠습니다. 뒤에서는 Python 3를 지원하는 GChartWrapper에 대해서도 살펴보겠습니다.

8.1   pygooglechart 설치

다음과 같이 Python 2.7 환경에 설치된 setuptools를 이용하여 pygooglechart를 설치합니다.

```
C:\Python27\Scripts>easy_install pygooglechart
Searching for pygooglechart
Reading https://pypi.python.org/simple/pygooglechart/
Reading http://pygooglechart.slowchop.com/
Best match: pygooglechart 0.3.0
Downloading http://pygooglechart.slowchop.com/files/download/
pygooglechart-0.3.0.tar.gz
Processing pygooglechart-0.3.0.tar.gz
Writing c:\users\yongch~1\appdata\local\temp\easy_install-us8p5q\pygooglech
.3.0\setup.cfg
Running pygooglechart-0.3.0\setup.py -q bdist_egg --dist-dir c:\users\yong
ppdata\local\temp\easy_install-us8p5q\pygooglechart-0.3.0\egg-dist-tmp-7mit
zip_safe flag not set; analyzing archive contents...
Adding pygooglechart 0.3.0 to easy-install.pth file

Installed c:\python27\lib\site-packages\pygooglechart-0.3.0-py2.7.egg
Processing dependencies for pygooglechart
Finished processing dependencies for pygooglechart
```

설치가 완료된 후 Python 쉘에서 import가 잘 되는지 확인합니다.

```
>>> import pygooglechart
```

아무런 메시지가 없으면 잘 설치된 것입니다.

8.2   원형 그래프 그리기

제대로 설치되었는지 확인할 겸, pygooglechart 홈페이지에 소개된 파이 차트(pie chart, 원형 그래프) 예제를 실행시켜 보겠습니다.

첫 페이지의 파이 차트 이미지를 클릭하면 Hello World 3D Pie Chart Example 페이지로 이동합니다.

http://pygooglechart.slowchop.com/pygooglechart/wiki/HelloWorldExample

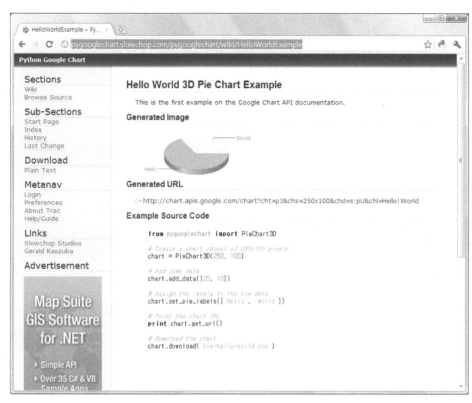

그림 5-65 ● Hello World 3D Pie Chart Example 페이지

아래쪽 박스에 있는 Example Source Code를 대화식 번역기에서 한 줄씩 넘겨 가면서 어떻게 동작하는지 확인해 보겠습니다. pygooglechart 설치 시에 지정했던 버전의 파이썬을 실행시켜 주시기 바랍니다.

먼저 pygooglechart 꾸러미에서 PieChart3D 뭉치를 불러들입니다.

```
>>> from pygooglechart import PieChart3D
```

별다른 메시지 없이 프롬프트가 떨어집니다. 만약 pygooglechart가 제대로 설치되지 않았을 경우에는 이런 메시지가 나옵니다.

```
>>> from pygooglechart import PieChart3D
Traceback (most recent call last):
  File "<stdin>", line 1, in <module>
ImportError: No module named pygooglechart
```

자, 이제부터는 땅 짚고 헤엄치기입니다.

차트 이미지의 크기를 정해 주고,

```
>>> chart = PieChart3D(250, 100)
```

목록(list) 형식의 숫자 데이터와, 각각의 데이터에 해당하는 이름표 목록을 입력해서,

```
>>> chart.add_data([20, 10])
0
>>> chart.set_pie_labels(['Hello', 'World'])
```

차트를 내려받으면 됩니다.

```
>>> chart.download('pie_en.png')
```

이번에도 아무 말 없이 프롬프트가 나오는데, 특별히 디렉터리(폴더)를 정해 주지 않았으면 파이썬 실행 파일(python.exe)이 있는 C:\Python27\와 같은 곳에 이미지 파일이 만들어졌을 것입니다. 한번 열어 보시기 바랍니다.

그림 5-66 ● pie_en.png

사실 이 이미지 파일은 여러분의 컴퓨터에서 직접 생성한 것이 아니라, 구글의 서버로부터 내려받은 것입니다. 그저 아래와 같은 HTTP 호출을 하기만 하면, 수치를 분석해서 이미지를 생성하는 부분은 구글에서 알아서 모두 처리하고, 우리는 그 결과 이미지를 갖다 쓰기만 하면 됩니다.

http://chart.apis.google.com/chart?cht=p3&chs=250x100&chd=s:pU&chl=Hello|World

이미지 처리라는 가장 큰 고민거리는 구글에게 맡길 수 있으니, 사용자가 고민해야 할 부분으로는 위와 같은 HTTP 호출을 어떻게 작성할 것인가, 달리 말해서 입력 데이터를 어떻게 만들어 낼 것인가하는 부분이 남습니다. 그런 일을 파이썬 언어로 쉽게 처리할 수 있도록 도와주는 것이 바로 pygooglechart 꾸러미입니다.

한편, 구글 차트를 사용하는 것은 여러 모로 편리하기는 하지만, 구글의 시스템에 문제가 있거나 네트워크를 통해 접속할 수 없을 때에는 차트를 만들 수 없다는 단점이 있습니다. 잠시 랜 선을 뽑거나 Wi-Fi를 꺼서 컴퓨터를 네트워크에서 분리시켜 놓은 채로 차트 이미지를 내려받으려고 시도하면 다음과 같이 에러가 발생하는 것을 확인할 수 있습니다.

```
>>> chart.download('pie_en.png')
Traceback (most recent call last):
  File "<stdin>", line 1, in <module>
  File "C:\Python27\lib\site-packages\pygooglechart.py", line 381, in
download
    opener = urllib2.urlopen(self.get_url())
  File "C:\Python27\lib\urllib2.py", line 126, in urlopen
    return _opener.open(url, data, timeout)
  File "C:\Python27\lib\urllib2.py", line 392, in open
    response = self._open(req, data)
  File "C:\Python27\lib\urllib2.py", line 410, in _open
    '_open', req)
  File "C:\Python27\lib\urllib2.py", line 370, in _call_chain
    result = func(*args)
  File "C:\Python27\lib\urllib2.py", line 1186, in http_open
    return self.do_open(httplib.HTTPConnection, req)
  File "C:\Python27\lib\urllib2.py", line 1161, in do_open
    raise URLError(err)
urllib2.URLError: <urlopen error [Errno 11001] getaddrinfo failed>
```

8.3 한글 이름표 붙이기

도표를 그리다 보면 아무래도 한글을 쓸 일이 많기 마련입니다. 앞에서 테스트해 보았던 파이 차트의 이름표(label)를 한글로 바꾸어도 잘 표현할 수 있는지 확인해 보겠습니다.

이번에는 파이썬 스크립트를 파일로 작성해 보겠습니다.

예제 5-22 **pie_ko.py**

```
01  #!/usr/bin/env python2
02  #!-*- encoding: cp949 -*-
03
04  from pygooglechart import PieChart3D
05
06  chart = PieChart3D(250, 100)
07  chart.add_data([20, 10])
08  chart.set_pie_labels([u'안녕'.encode('utf-8'), u'세상'.encode('utf-8')])
09  print chart.get_url()
10  chart.download('pie_ko.png')
```

- **1 ~ 2행:**

  Python 2 환경에서 실행됨을 명시하고, 스크립트의 인코딩을 한글 Windows의 기본 문자집합인 CP949로 지정했습니다.

- **8행:**

  'Hello' 대신에 한글로 '안녕'이라는 문자열을, 'World' 대신에는 '세상'을 써 보았습니다. 문자열 앞에 u를 붙여서 유니코드 문자열을 만들고, 그 뒤에다 encode('utf-8')을 붙여서 UTF-8 문자열로 바꿔 주었습니다.

결론은 한 마디로, "구글 API를 사용하는 pygooglechart 꾸러미는 UTF-8로 표현한 한글 문자열이 포함된 차트 이미지를 만들 수 있다"가 되겠습니다.

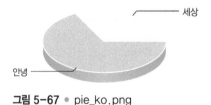

그림 5-67 ● pie_ko.png

8.4 지역별 인구 차트 그리기

이제 실제 데이터를 바탕으로 차트를 그려 볼까요. 원형 그래프를 그리기에 적당한 자료를 한번 찾아보시기 바랍니다. 교과서에 실린 표도 좋고, 인터넷을 찾아보셔도 좋습니다.

통계청에서 운영하는 국가통계포털 사이트를 찾아보았더니 2005년에 실시한 인구 총조사 자료가 있습니다. 그것을 참고하여 다음과 같은 입력 파일을 만들어 보았습니다.[17]

예제 5-23 **population.csv**

```
서울특별시,9762546
부산광역시,3512547
대구광역시,2456016
인천광역시,2517680
광주광역시,1413644
대전광역시,1438551
울산광역시,1044934
경기도,10341006
강원도,1460770
충청북도,1453872
충청남도,1879417
전라북도,1778879
전라남도,1815174
경상북도,2594719
경상남도,3040993
제주도,530686
```

가로세로로 줄이 그어져 있지는 않지만, 표 형식의 데이터라는 것을 한눈에 알아보실 것입니다. 각각의 줄마다 시/도의 이름과, 그에 해당하는 인구 수가 적혀 있고, 그 사이에는 쉼표(,)가 있어서 둘 사이를 구분해 줍니다.

이렇게 일반 텍스트 파일에 쉼표로 구분한 값(comma−separated values)을 기록한 것을 CSV라는 확장자를 붙여서 사용하는 경우가 종종 있습니다.

그럼 이 자료를 가지고 원형 그래프를 그려 볼까요.

예제 5-24 **population.py**

```
01  #!/usr/bin/env python2
02
03  from pygooglechart import PieChart3D
04
05  with open('population.csv') as f:
06      population = [line.strip().split(",") for line in f]
```

```
07  print population
08
09  labels = map(lambda x: x[0].decode('cp949').encode('utf-8'), population)
10  data = map(lambda x: int(x[1]), population)
11
12  chart = PieChart3D(500, 200)
13  chart.add_data(data)
14  chart.set_pie_labels(labels)
15  print chart.get_url()
16
17  chart.download('population.png')
```

• **1행:**

Python 2 환경에서 실행됨을 명시하였습니다.

• **3행:**

pygooglechart 꾸러미에서 PieChart3D 클래스를 가져왔습니다.

• **5 ~ 7행:**

CSV 형식의 파일을 열어서 f라는 이름을 붙이고, 각 행에 대하여 쉼표(,)를 구분자로 삼아 시도명과 인구 수를 얻어내고, 화면에 출력합니다. 파일 처리를 간편하게 해 주는, 독특한 with 구문을 사용해 보았습니다. 각각의 행에서는 strip 메서드로 불필요한 공백을 제거하고 반점(,)을 기준으로 행을 쪼개었습니다(split).

• **9 ~ 10행:**

시도명과 인구 수를 차트의 이름표(label)와 값(data)으로 쓰기 위해 준비합니다. lambda와 map 함수의 조합을 활용해 보았습니다.

```
>>> f = lambda x: x * 2 + 3
>>> f(1)
5
>>> f(2)
7
>>>
>>> a = [1, 2, 3]
>>> b = map(f, a)
>>> b
[5, 7, 9]
```

• **12 ~ 15행:**

PieChart3D 개체에 차트의 속성을 정의하고, 이미지를 얻어 올 수 있는 URL을 화면에 출력합니다.

- **17행:**

   생성된 차트 이미지를 내려받습니다.

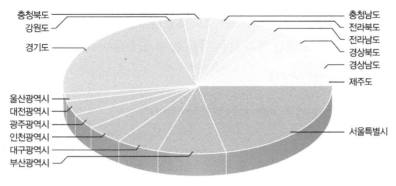

그림 5-68 ● population.png

8.5   데이터 정렬

그림이 예쁘게 잘 나오긴 했는데, 인구가 많은 순서대로 파이 조각이 그려지면 더 보기 좋겠다고 생각하는 분도 있을 것입니다. 뭔가 좋은 방법이 떠오르시나요?

네, 데이터 파일을 만들 때부터 정렬해서 입력으로 받으면 좋을 것입니다. 또 다른 방법으로는 어떤 것이 있을까요?

인구 순으로 정렬되어 있지 않은 데이터를 받아서, 파이썬 스크립트가 정렬을 처리한 다음에 구글 API에 던져 주면 어떨까요?

정렬을 어떻게 하느냐가 관건입니다.

8.5.1 연산자(operator) 뭉치

코드에 대한 설명을 드리기 전에 연산자(operator)라고 하는 파이썬 내장 모듈에 대해 잠시 살펴보도록 하겠습니다. 연산자 모듈은 이름 그대로 +, -와 같은 연산자가 하는 일을 하는 메서드를 제공합니다.

```
>>> 1 + 2
3
>>> import operator
```

```
>>> operator.add(1, 2)
3
```

연산자 모듈에는 itemgetter라는 것도 있는데, 대괄호 안에 숫자 인덱스를 써서 자료의 일부분을 추려 내던 것과 같은 일을 할 수 있습니다.

```
>>> 'fourplay'[4]
'p'
>>> operator.itemgetter(4)('fourplay')
'p'
```

이 itemgetter를 활용하면, 표 형식의 구조를 가진 자료를 정렬할 때 어느 열을 기준으로 삼을 것인지 쉽게 지정할 수 있습니다. 정렬하는 방법은 차트 예제를 통해 설명드리겠습니다.

8.5.2 지역별 인구 차트를 인구 순으로 정렬

예제 5-25 **population_sorted.py**

```python
01  #!/usr/bin/env python2
02
03  from pygooglechart import PieChart3D
04  from operator import itemgetter
05
06  with open('population.csv') as f:
07      population = map(lambda x: [x[0], int(x[1])],\
08      [line.strip().split(",") for line in f])
09
10  sorted_population = sorted(population, key=itemgetter(1),\
11      reverse=True)
12
13  labels = map(lambda x: x[0].decode('cp949').encode('utf-8'),\
14      sorted_population)
15  data = map(lambda x: x[1], sorted_population)
16
17  chart = PieChart3D(500, 200)
18  chart.add_data(data)
19  chart.set_pie_labels(labels)
20  print chart.get_url()
21
22  chart.download('population_sorted.png')
```

- **4행:**

  operator 모듈의 itemgetter를 가져옵니다.

- **10 ~ 11행:**

  정렬을 수행합니다. 각 행의 두 번째 열을 기준으로 삼기 위해 itemgetter(1)을 key로 전달했고, 역순으로 전달하겠다는 뜻으로 reverse를 True로 지정하여 정렬시켰습니다(sorted). 한 줄로 써도 되는 코드인데 약간 길어져서 줄 끝에 역슬래쉬(\)를 붙여서 두 줄로 늘여 썼습니다.

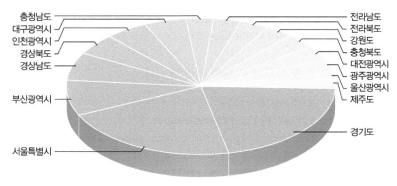

그림 5-69 ● population_sorted.png

8.6   GChartWrapper

GChartWrapper는 Python 3을 지원하며, pygooglechart와 비슷한 방법으로 사용할 수 있습니다.

https://code.google.com/p/google-chartwrapper/

8.6.1 GChartWrapper 설치

easy_install을 이용하여 GChartWrapper를 설치합니다.

```
> easy_install GChartWrapper
```

8.6.2 Hello GChartWrapper

Python 쉘에서 차트를 그려 보도록 하겠습니다.

```
C:\Users\Yong Choi>python
Python 3.3.2 (v3.3.2:d047928ae3f6, May 16 2013, 00:06:53) [MSC v.1600
64 bit (AMD64)] on win32
Type "help", "copyright", "credits" or "license" for more information.
```

먼저 GChartWrapper에서 Pie를 임포트합니다.

```
>>> from GChartWrapper import Pie
```

GChartWrapper 홈페이지에 소개된 예제입니다. 구글에 요청하는 주소를 확인할
수 있습니다.

```
>>> Pie([5,10]).title('Hello Pie').color('red', 'lime').label('hello', 'world
<GChartWrapper.Pie http://chart.apis.google.com/chart?chl=hello|world&
chd=t:5.0, 10.0&chtt=Hello+Pie&chco=FF0000,00FF00&cht=p&chs=300x150>
```

앞에서 소개한 원형 차트를 만들어 보겠습니다.

```
>>> chart = Pie([20, 10])
>>> chart.title('Hello GChartWrapper')
<GChartWrapper.Pie http://chart.apis.google.com/chart?cht=p&chtt=Hello
+GChartWrapper&chs=300x150&chd=t:20.0,10.0>
>>> chart.label('hello', 'world')
<GChartWrapper.Pie http://chart.apis.google.com/chart?chl=hello|world&
chtt=Hello+GChartWrapper&chd=t:20.0,10.0&cht=p&chs=300x150>
>>> chart.save('pie_en.png')
'pie_en.png'
```

8.6.3 한글 사용

GChartWrapper는 Python 3을 지원하므로 pygooglechart에 비해 한글을 사용하기
편리합니다.

예제 5-26 GChartWrapper_pie_ko.py

```
01  #!/usr/bin/env python3
02
03  from GChartWrapper import Pie
04
05  chart = Pie([20, 10])
06  chart.title('안녕 GChartWrapper')
07  chart.label('안녕', '세상')
08  chart.save('pie_ko.png')
```

6 자이썬(Jython)

자이썬(Jython)은 파이썬 언어를 자바(Java)로 구현한 것입니다. 자바 가상 기계(JVM) 상에서 작동하며, 파이썬의 간결한 문법으로 자바의 여러 유용한 장점을 취할 수 있습니다. 앞에서 살펴보았던 시쿨리(Sikuli)가 바로 자이썬으로 만들어진 프로그램이기도 하고, Oracle 사의 웹로직이나 IBM의 웹스피어와 같은 소프트웨어의 관리를 위해서 자이썬을 활용하기도 합니다.

자이썬 설치

자이썬 설치는 두 단계로 이루어집니다. Java를 먼저 설치하고 나서, 자이썬을 설치합니다.

1.1 자바 버전 확인과 설치

자이썬을 실행하려면 컴퓨터에 Java가 설치되어 있어야 합니다. 부록의 Java 설치 안내를 참고하여 Java를 설치합니다.

1.2 자이썬 설치

자이썬은 아래 주소의 자이썬 홈페이지로 가시면, 역시 무료로 받으실 수 있습니다.

http://jython.org/downloads.html

그림 6-1 ● Jython 다운로드 페이지

다운로드 페이지에서 Download Jython 2.5.4rc1 → Traditional installer를 선택하여 다운로드해 보겠습니다. 내려받은 파일은 jython → installer → 2.5.4 → rc1.jar와 같은 파일명을 갖고 있는데, 실행 가능한 Jar 파일이므로 더블 클릭하면 설치가시작됩니다.

자이썬 설치 프로그램은 이렇게 생겼습니다.

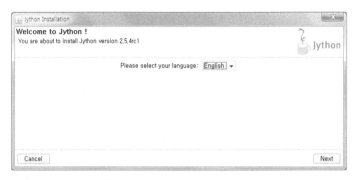

그림 6-2 ● Jython 설치

설치할 때 몇 가지 물어 보는 것이 있는데, 사용권에 대한 설명이 나오면 I accept를 선택해 주시고, 나머지는 특별히 변경할 필요 없이 계속 Next 버튼을 누르시면 됩니다.

설치가 끝났으면 명령 프롬프트 창을 띄우고 자이썬이 설치된 곳으로 이동하셔서 jython이라고 치시면 됩니다.

```
> cd \Jython2.5.4rc1
> jython
```

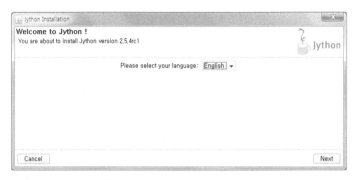

그림 6-3 ● Jython 실행

1.3 자이썬 경로 잡기

자이썬을 실행시킬 때마다 cd 명령으로 이동하기 귀찮으실 테니, 컴퓨터에게 자이썬이 설치된 경로를 가르쳐 주도록 할까요? 컴퓨터 아이콘을 오른쪽 클릭하시고, 팝업 뜨면 '속성' 누르시고, '고급' 또는 '고급 시스템 설정' 누르시고, (관리자 권한이 필요하다고 메시지가 뜨면 '계속' 누르시고,) 고급 탭에서 '환경 변수' 단추를 눌러 주세요.

아래쪽 시스템 변수에서 새로 만들기 단추를 누르시고, 변수 이름에는 JYTHON_HOME, 변수 값에는 자이썬이 설치된 경로(C:\Jython2.5.4rc1)를 넣고 확인 단추를 눌러 주세요.

그림 6-4 ● JYTHON_HOME 설정

그 다음으로는 시스템 변수 중 Path를 선택하시고 편집 단추를 눌러 주세요. 변수 값의 오른쪽 끝에 ;%JYTHON_HOME%를 추가해 주세요.

그림 6-5 ● Path 설정

잘 되었으면 명령 프롬프트 창을 다시 띄워 주세요. 이제는 아무 경로에서나 jython 이라고만 치시면 자이썬 대화식 번역기가 시작됩니다.

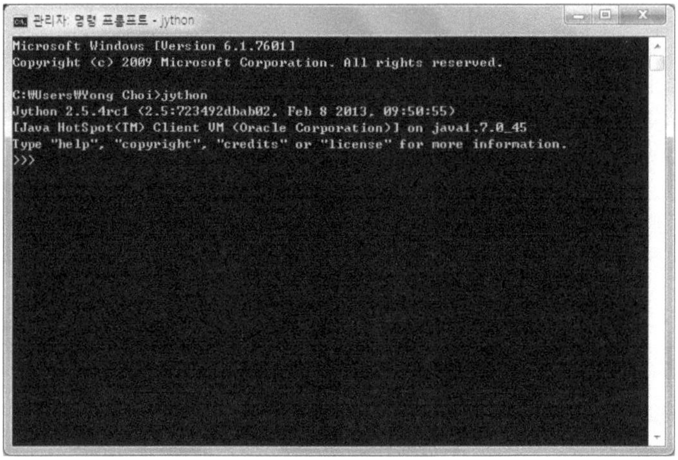

그림 6-6 ● Path 설정 후 Jython 실행

안녕, 자이썬

2.1 Hello, Jython!

자이썬 스크립트를 실행하는 방법을 알려 드리겠습니다. 텍스트 편집기를 열어서 아래 예제와 같이 print 함수를 쓰는 한 줄 짜리 스크립트를 만들어 주세요.

예제 6-1 **hello_jython.py**

```
01  print('Hello, Jython!')
```

파일명은 hello_jython.py와 같이 적당히 지으시고, 확장자는 .py로 하시면 됩니다.

그럼 헬로우, 자이썬을 돌려 볼까요. 시작 메뉴에서 보조 프로그램 → 명령 프롬프트를 클릭해 주세요. 자이썬 스크립트 실행 방법은 파이썬에서와 똑같습니다.

```
>jython hello_jython.py
Hello, Jython!
```

그림 6-7 • hello_jython.py 실행

2.2 안녕, Jython!

이번에는 한글로 인사하는 스크립트를 짜 보겠습니다.

예제 6-2 **annyeong_jython.py**

```
01  print('안녕, Jython!')
```

한번 돌려 볼까요?

그림 6-8 • annyeong_jython.py 실행

아차, 인코딩을 지정하지 않았다고 에러를 냈군요. 그럼 한글 윈도우에서 사용하는 코드 페이지 949를 지정해 보겠습니다.

예제 6-3 **annyeong_jython_cp949.py**

```
01  # -*- coding: cp949 -*-
02
03  print('안녕, Jython!')
```

다시 돌려 볼까요?

그림 6-9 ● annyeong_jython_cp949.py 실행

어허, 이번엔 cp949라는 인코딩을 모르겠다고 합니다. 파이썬에서는 잘 되었는데 말이죠. 그렇다면 UTF-8을 써 보도록 하겠습니다.

예제 6-4	**annyeong_jython_utf-8.py**

```
01  # -*- coding: utf-8 -*-
02
03  print(u'안녕, Jython!')
```

그림 6-10 ● annyeong_jython_utf-8.py 실행

이와 같이 윈도우 운영 체제의 명령 프롬프트에서는 UTF-8 인코딩의 한글 사용에

문제가 있습니다. 하지만, 리눅스 운영 체제에서는 아래 그림과 같이 한글 사용이 원활합니다.

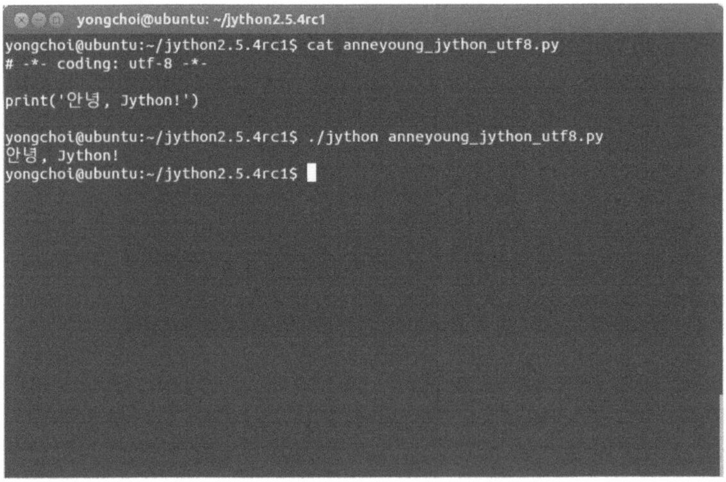

그림 6-11 ● 리눅스에서 annyeong_jython_utf-8.py 실행

자이썬은 자바 가상 기계 상에서 작동하기 때문에 C로 구현한 파이썬과 미묘한 차이가 있습니다.

```
>python
>>> import sys
>>> sys.getdefaultencoding()        # Python 3인 경우 utf-8
'ascii'
>>> sys.stdout.encoding
'cp949'

>jython
>>> import sys
>>> sys.getdefaultencoding()
'ascii'
>>> sys.stdout.encoding
'ms949'
```

2.3 안녕, Swing!

명령 프롬프트에서는 안 되어도, 한글로 인사할 수 있는 다른 방법이 또 있습니다.

예제 6-5	**annyeong_swing.py**

```
01  # -*- coding: utf-8 -*-
02
03  from javax.swing import JFrame
04
05  frame = JFrame(u'안녕, Swing!',
06          defaultCloseOperation = JFrame.EXIT_ON_CLOSE,
07          size = (300, 100)
08      )
09
10  frame.visible = True
```

스윙(Swing)이라는 것으로, 자바에서 GUI(그래픽 사용자 인터페이스)를 만들 때 기본으로 사용하는 도구입니다. 자이썬은 자바 환경에서 돌아가기 때문에, 자바 쪽에 좋은 도구가 있으면 이렇게 가져다 쓸 수 있는 것입니다.

한번 실행시켜 보시기 바랍니다.

그림 6-12 ● 안녕, Swing!

2.4 Jython 문서

자바는 기업 환경에서 널리 사용되는 성숙한 기술이므로, 자이썬을 통해 파이썬의 장점과 자바의 장점을 고루 취할 수 있습니다.

자이썬에 대하여 더 알고 싶은 분은 다음의 자료를 참고하시기 바랍니다.

자이썬 완벽 안내서

http://jythonbook-ko.readthedocs.org/en/latest/index.html

참고-자이썬 문서(영문)

http://packages.python.org/django-jython/

자이썬 스윙 예제(영문)

http://wiki.python.org/jython/SwingExamples

WLST(WebLogic Scripting Tool)

- **WebLogic Server**

  WebLogic Server는 Oracle 사의 Java 애플리케이션 서버로서, J2EE(Java 2 Enterprise Edition) 및 오픈 프레임워크까지 완벽히 지원하여 많은 기업에서 사용하고 있습니다.

- **WebLogic Scripting Tool(WLST)**

  WebLogic Scripting Tool(WLST)은 WebLogic 서버 도메인을 생성, 관리 및 모니터 하는 데에 사용할 수 있는 명령행 스크립팅 환경입니다. WLST는 Jython을 기반으로 만들어졌으므로 지역 변수, 조건 변수, 흐름 제어와 같은 기본적인 Jython의 기능을 지원하며, WebLogic Server에 특화된 스크립팅 함수(명령)를 제공합니다. Jython 언어의 구문을 따름으로써 WebLogic 스크립팅 언어를 확장할 수 있습니다.

249

3.1　WebLogic Server 다운로드와 설치

3.1.1 Java 설치 확인

Oracle WebLogic Server의 설치를 위해서는 최신 버전의 Java가 필요합니다 (WebLogic 12c의 경우 Java 1.7 필요). 부록의 Java 설치 안내를 참고하여 Java를 설치합니다.

3.1.2 Oracle WebLogic Server 다운로드

다음의 페이지에서 WebLogic Server를 다운로드합니다. 다운로드를 위해 회원 가입과 라이선스 동의가 필요합니다.

http://www.oracle.com/technetwork/middleware/weblogic/downloads/index.html

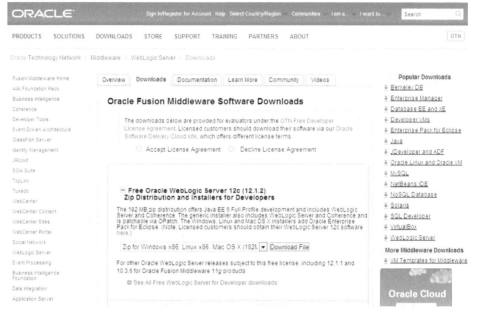

그림 6-13 ● WebLogic 다운로드 페이지

WebLogic Server를 설치해 보도록 하겠습니다. 여기서는 Windows 운영 체제를 기준으로 설명하며, Linux와 Mac에서는 압축 파일에 포함된 README.txt를 참고하여 설치하도록 합니다.

설치할 경로에 다운로드한 파일의 압축을 풉니다. wls12120과 같은 이름으로 폴더가 만들어집니다. 폴더가 C:\home\myhome\mywls에 만들어졌다면 MW_HOME은 C:\home\myhome\mywls\wls12120이 됩니다.

```
> set JAVA_HOME=C:\Program Files\Java\jre7
> set MW_HOME=C:\home\myhome\mywls\wls12120
```

MW_HOME 폴더에서 configure.cmd 스크립트를 실행합니다.

```
> configure.cmd
```

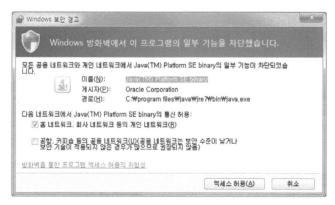

그림 6-14 ● WebLogic 설치

다음과 같이 새로운 도메인을 구성할 것인지 여부를 묻는 질문이 나오면 Y를 입력합니다.

```
Do you want to configure a new domain? [Y/N]
```

사용자명과 비밀번호를 입력하고 잘 기억해 두도록 합니다.

그림과 같이 방화벽 해제 여부를 묻는 Windows 보안 경고창이 뜨면, 액세스 허용을 선택합니다.

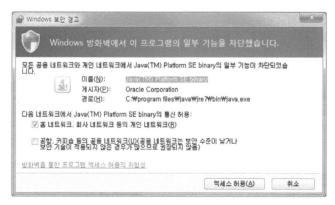

그림 6-15 ● 방화벽 해제

이제 명령 프롬프트 창에서, 다음과 같이 WebLogic Server가 기동되었다는 메시지를 확인할 수 있습니다.

```
<2013. 9. 24 오후 5시 47분 44초 KST> <Notice> <WebLogicServer> <BEA-
000360> <The server started in RUNNING mode.>
```

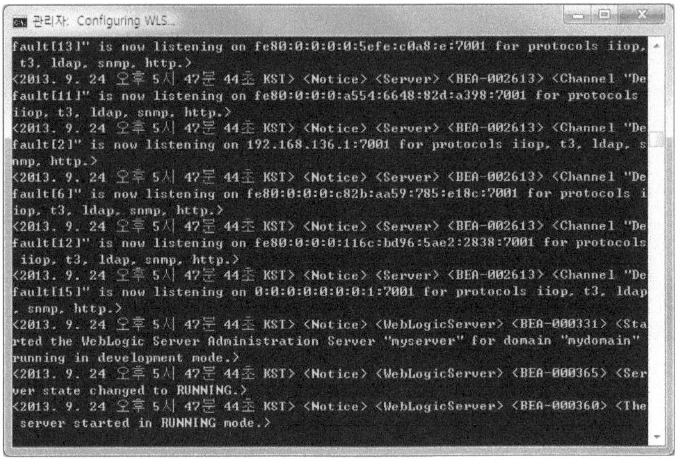

그림 6-16 ● WebLogic 기동 메시지 확인

3.2 WebLogic Server 관리 콘솔을 사용하여 새 서버 생성

3.2.1 WebLogic Server 관리 콘솔 열기

웹 브라우저를 열고 다음의 주소를 입력합니다.

http://127.0.0.1:7001/console

도메인을 만들 때 입력한 사용자 이름과 비밀번호를 입력합니다.

[그림 6-18]과 같은 Oracle WebLogic Server 관리 콘솔(줄여서 WLS 콘솔)을 볼 수 있습니다.

그림 6-17 ● WebLogic Server 관리 콘솔 로그인

그림 6-18 ● WebLogic Server 관리 콘솔

왼쪽의 도메인 구조에서 환경 → 서버를 선택하면 [그림 6-19]와 같이 myserver라는 이름의 서버가 동작 중이며 7001번 포트를 수신함을 알 수 있습니다.

그림 6-19 ● WebLogic Server 관리 콘솔의 서버 요약 화면

3.2.2 새 서버 생성

myserver 외에 새로운 서버를 생성해 보겠습니다. WebLogic 서버 관리 콘솔의 서버 요약 화면 아래쪽의 '새로 만들기' 버튼을 클릭하면 새 서버를 생성할 수 있습니다.

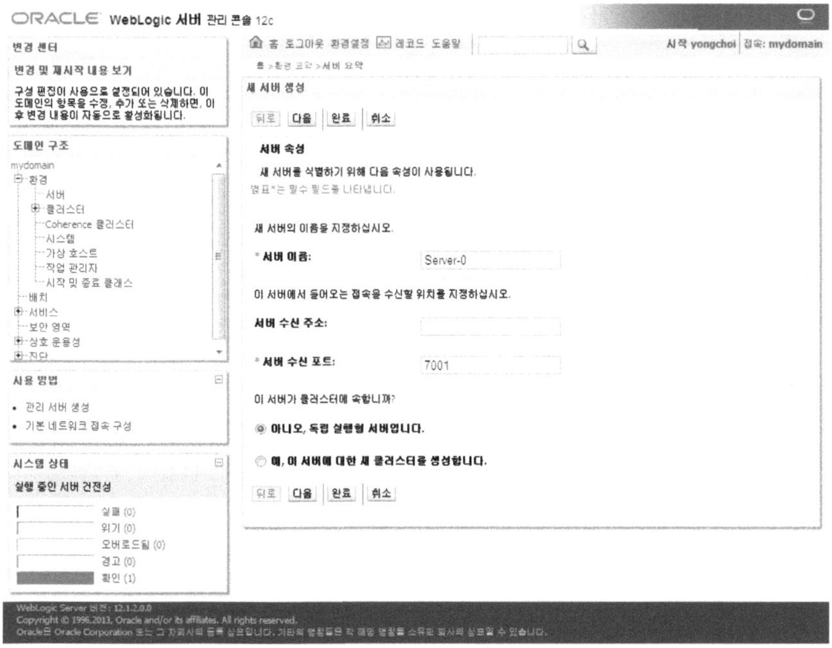

그림 6-20 ● WLS 콘솔에서 새 서버 생성

그림 6-21 ● Server-0 생성 결과 확인

Server-0라는 이름으로 서버가 만들어진 것을 확인할 수 있습니다.

3.3 WLST를 사용하여 새 서버 생성

앞에서는 WLS 콘솔을 이용하여 새로운 서버를 만들어 보았는데, 이제 WLST를 사용하여 서버를 만들어 보도록 하겠습니다.

3.3.1 WLST 기동

명령 프롬프트를 실행한 다음, WebLogic Server를 설치한 경로의 oracle_common\common\bin 폴더로 이동하여, wlst.cmd를 실행합니다.

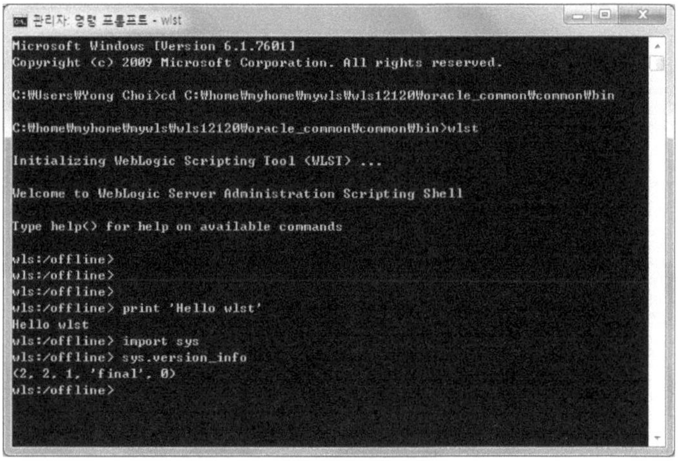

그림 6-22 ● WLST 실행

WLST가 실행되면, 그림과 같이 wls:/offline>이라는 프롬프트 문자열이 표시됩니다.

3.3.2 서버 인스턴스 접속

WebLogic 서버 인스턴스에 접속합니다. username과 password는 WebLogic Server를 설치할 때 정한 사용자 이름과 비밀번호를 사용합니다.

```
wls:/offline> connect("username", "password")
```

3.3.3 MBean 편집

MBean 계층 구조를 편집하기 위하여 접근합니다.

```
wls:/mydomain/serverConfig> edit()
```

현재 구성에 대한 편집을 시작합니다.

```
wls:/mydomain/edit !> startEdit()
```

서버를 생성하고 저장합니다.

```
wls:/mydomain/edit !> svr = cmo.createServer("Server-1")
wls:/mydomain/edit !> svr.setListenPort(8001)
wls:/mydomain/edit !> save()
```

변경 사항을 MBean에게 전달합니다.

```
wls:/mydomain/edit !> activate(block="true")
```

3.3.4 접속 해제 및 WLST 종료

WebLogic 서버 인스턴스로부터 접속을 끊습니다.

```
wls:/mydomain/edit> disconnect()
```

WLST를 종료합니다.

```
wls:/offline> exit()
```

관리 콘솔의 서버 요약 화면에서도 서버가 생성된 것을 확인할 수 있습니다.

그림 6-23 ● Server-1 생성 결과 확인

지금까지 WLST에 대하여 간략히 살펴보았습니다. WLST에 대하여 더 알고 싶은 분은 다음의 문서를 참고하시기 바랍니다.

Understanding the WebLogic Scripting Tool

http://docs.oracle.com/middleware/1212/wls/WLSTG/index.html

7 파이썬, 그냥 재미로

지금까지 파이썬의 이모저모를 알아보았습니다. 이 책을 읽는 동안 재미있고 유익한 시간을 보내셨기를 바랍니다.

책을 한 권 읽긴 했는데, 막상 무엇을 해야 할지 모르겠다는 분들이 계실 것입니다. 저도 여러분과 똑같은 입장에서 답답함을 느껴 보았기 때문에 그 마음을 이해합니다.

이 책을 덮은 후에 무엇을 하면 좋을지 정답은 없습니다. 하지만, 몇 가지 길이 있다는 정도의 힌트를 드릴 수는 있을 것 같습니다.

지금 바로 시작하기

모든 것이 준비될 때까지 기다리려고 하면, 너무 오래 기다려야 할지도 모릅니다. 해 보고 싶은 일이 있다면 일단 시작해 보세요. 부족한 부분은 차차 채워 나가시면 됩니다.

- **자신이 사용할 스크립트 작성하기**
  단순 반복적으로 수행하고 있는 지루한 작업이 있는지 찾아보세요. 파이썬으로 자동화할 수 있을지도 모릅니다.

- **시쿨리**
  GUI를 조작하는 일을 자동화하고자 한다면 시쿨리의 사용을 검토해 보세요.

- **장고(django)로 웹 애플리케이션 개발하기**
  파이썬 언어나 웹, DB 관련 기술을 깊이 알지 못하더라도 장고와 같은 프레임워크를 이용해서 웹 애플리케이션을 개발할 수 있습니다.

 python™

컴퓨터 이해하기

프로그래밍 언어는 컴퓨터가 있기 때문에 존재할 수 있습니다. 파이썬이 아무리 고
수준의 언어라 하더라도, 개발자가 컴퓨터에 대한 지식이 부족하다면 수준 높은 프
로그램을 만들기 힘들 것입니다. 다음 몇 가지 주제에 관심을 가져 보세요.

• 운영 체제
운영 체제 개론서를 읽어 본다거나, 흔히 접할 수 있는 리눅스 시스템을 직접 설치하거나
임대해서 사용해 보세요. 운영 체제에 대한 이론적인 지식은 물론, 실제적인 사용과 관리
(administration)에도 능숙해야 합니다. 특히 파이썬 개발을 위해서는 리눅스 또는 맥 환경과
친숙해지는 것이 좋습니다.

• 데이터베이스
MySQL 또는 Oracle과 같은 관계형 데이터베이스 시스템(RDBMS)과, 그곳에서 쓰이는 구
조화된 질의 언어(SQL)를 익혀 보세요.

• 네트워크와 웹 관련 기술
웹 프로그래머가 아니라 하더라도, 웹 관련 기술을 이해하고 있으면 일하기가 수월할 것입니다.

– 네트워크, 특히 TCP/IP에 대해 시간을 투자할 가치가 있습니다.
– HTML, CSS, XML

• 소프트웨어 구조 설계
미술을 배우는 학생들이 자신의 작품을 설명하고 다른 사람의 작품에 대한 비평을 하듯이, 악기
를 연주하는 사람들이 음악을 한 소절 한 소절 새겨듣듯이, 여러 소프트웨어의 구조와 사용법,
장단점, 철학 등을 음미해 보시기 바랍니다.

• 마이크로 프로세서
컴퓨터를 밑바닥까지 파헤쳐 보고 싶은 분이라면 말리지 않겠습니다. :-)

응용 분야 탐구

프로그래밍 언어는 사람을 이롭게 하는 시스템을 만들어 내기 위한 도구입니다. 따라서, 컴퓨터에 대한 이해 못지 않게 사람에 대한 이해가 무척 중요합니다.

· HCI(사람과 컴퓨터의 상호작용)

UX(사용자 경험)이라는 용어를 들어 보셨을 것입니다. 사용자 인터페이스에 대한 깊은 성찰은, 사용하기 편하고 효율적이며 오류를 적게 발생시키는 프로그램으로 돌아올 것입니다. 주변의 동료나 가족들이 인터넷을 할 때, 컴퓨터를 사용할 때 어떤 습관을 가지고 있고 어떤 부분을 어려워하는지 관찰해 보세요.

· 업무 파악

개발자에게는 컴퓨터 시스템과 프로그래밍에 대한 지식이 절대적으로 필요하지만, 실제로 일을 하다 보면 해당 분야의 업무에 대한 이해 또한 매우 중요합니다. 달리 말해서, 뒤늦게 프로그래밍을 시작했다 하더라도 특정 분야의 업무에 대해 잘 알고 있다면 그것을 자신만의 강점으로 만들 수 있습니다.

· 관심사

컴퓨터 프로그래밍을 배워서 무엇을 하고 싶으신가요? 컴퓨터를 제외한 자신의 전공, 혹은 취미가 무엇인가요? 그곳에 답이 있습니다.

파이썬을 더 깊이 공부하기

어느 일에서나 탄탄한 기본기가 뒷받침되어야 높은 수준의 기술을 습득할 수 있습니다. 파이썬의 자료형, 함수, 클래스, 예외 처리 등의 주제에 대해 공부해 보세요. 시중에 나온 파이썬 책을 보셔도 좋고, 다음과 같은 온라인 문서 중에도 도움될 만한 것이 있을 것입니다.

- **파이썬 빡시게(?) 배우기(영문)** http://learnpythonthehardway.org/book/

Learn Python The Hard Way   Take The Video Course For $29   Ruby   C   SQL   Regex   CLI

Learn Python The Hard Way, 3rd Edition

Welcome to the 3rd Edition of Learn Python the Hard Way. You can visit the companion site to the book at http://learnpythonthehardway.org/ where you can purchase digital downloads and paper versions of the book. The free HTML version of the book is available at http://learnpythonthehardway.org/book/.

Table Of Contents

- Preface
- Introduction: The Hard Way Is Easier
- Exercise 0: The Setup
- Exercise 1: A Good First Program
- Exercise 2: Comments And Pound Characters
- Exercise 3: Numbers And Math
- Exercise 4: Variables And Names
- Exercise 5: More Variables And Printing
- Exercise 6: Strings And Text
- Exercise 7: More Printing
- Exercise 8: Printing, Printing
- Exercise 9: Printing, Printing, Printing
- Exercise 10: What Was That?
- Exercise 11: Asking Questions
- Exercise 12: Prompting People

그림 7-1 ● Learn Python The Hard Way 온라인북(http://learnpythonthehardway.org/book/)

python™

다른 언어 들여다보기

매년 한 가지씩 새로운 프로그래밍 언어를 배워 보라는 조언이 있습니다. 설계 사상과 구조가 각기 다른 언어에 관심을 가져 봄으로써 새로운 문제 해결 방식을 배울 수 있습니다.

프로그래밍 언어는 그 분류 기준을 어디에 두는가에 따라, 정적인 언어와 동적인 언어, 절차적 언어와 함수형 언어, 범용 언어와 특수 목적을 가진 언어 등으로 나누어 생각해 볼 수 있습니다.

쉽고, 오랫동안 널리 사용되어 안정적이면서 자료를 구하기 쉬운 언어도 있고, 새롭고 역동적으로 발전하지만 문서나 선례가 부족해서 접근하기 까다로운 언어도 있습니다.

시장의 흐름을 주시하면서 앞으로 어떤 기술이 각광 받을 것인지 파악하고, 한정된 시간과 비용을 어떤 기술에 투자할 것인지 자신만의 포트폴리오를 구상해 보시기 바랍니다.

주로 쓰이는 프로그래밍 언어의 목록은 아래 주소에서 보실 수 있습니다.

http://ko.wikipedia.org/wiki/프로그래밍_언어

소프트웨어 개발 과정 이해하기

한정된 시간과 비용으로 고객을 위한 결과물을 만들어 내야 하거나, 특히 여러 사람이 팀을 이루어 개발하는 경우에는 소프트웨어 개발 프로젝트의 관리에 대한 측면을 이해할 필요가 있습니다.

- **소프트웨어 개발 방법론**
  폭포수 방법론에서부터 XP까지 여러 방법론의 이해
  각 방법론에 따른 산출물의 종류와 작성 방법
  테스트 설계와 실행

- **도구**
  여러 가지 도구의 목적과 장단점을 이해하고 목적에 맞는 것을 선택해서 잘 활용하면 생산성을 높일 수 있습니다.

  - 개발도구 및 텍스트 편집기
    IDLE, 이클립스, WingIDE, Boa, PyCharm, IPython
    에디트 플러스, 울트라 에디트, 노트패드++, vi 에디터

  - 사무용 프로그램
    MS 오피스, 오픈 오피스, 구글 문서도구, 맥 오피스

  - 의사소통
    이메일, 뉴스그룹, 위키, 트위터

  - 버전 관리 도구
    서브버전, 머큐리얼(hg), Git

  - 이슈(버그) 관리 도구
    Trac, Mantis

- **국제화, 지역화**

python™

외국어 공부

다른 많은 분야에서도 그렇겠지만, 프로그래밍을 하다 보면 외국어, 특히 영어의 벽에 부딪힐 때가 종종 있습니다.

- 기술 문서(API 사용법 등) 독해
- 변수, 함수, 데이터 이름 짓기
- 이슈(버그) 발생 보고, 기술 지원 요청
- 기술 동향, 제품 정보 파악
- 국제화, 지역화
- 문서 작성, 외국인과 팀을 이뤄 작업하기

이와 같은 여러 상황에서 영어 실력이 여러분을 돋보이게 할 수도, 발목을 잡을 수도 있습니다. 틈틈이 영어를 익혀 두시기를 권합니다.

외국어 공부를 하는 방법에는 여러 가지가 있겠지만, 제가 추천해 드리고 싶은 방법 중 하나는 기술 문서를 한글로 번역해 보는 것입니다. 눈으로 읽기만 할 때와는 달리, '아' 다르고 '어' 다른 차이를 절실하게 느끼실 수 있고, 업무에 있어서 중요한 능력 중 하나인 글쓰기에 대한 훈련이 되기도 합니다. 또한, 번역 작업 자체에 관심이 있으신 분은 프로그래밍 전문 번역가로 활동하는 것도 생각해 볼 만합니다.

최근 들어 외국 회사에서는 인도계 엔지니어를 자주 만날 수 있습니다. 또한 페이스북과 트위터가 인기를 얻으면서 싸이월드가 주춤하듯이, 더 이상 국경이 자국의 제품과 서비스를 보호해 주지 못하는 시대에 살고 있습니다.

그러나 위기는 기회의 다른 말이라고 합니다. 인터넷을 통해 지구 반대편의 개발자와 함께 오픈 소스 프로젝트에 참가할 수도 있고, 좋은 제품이나 서비스를 가진 회사가 외국으로 진출하기도 합니다. 취업에 있어서도, 세계로 눈을 돌리면 IT 전문가를 필요로 하는 곳은 많습니다.

python 부록

Java 설치 안내

이 책에서 소개한 Jython, Sikuli, WLST를 사용하기 위해서는 Oracle 사의 Java를 설치해야 합니다. Java의 버전은 윈도우 운영 체제의 제어판에 있는 Java 제어판의 정보 버튼을 눌러 확인할 수 있습니다.

그림 A-1 ● Java 제어판에서 버전 확인

또는, 명령 프롬프트에서 java -version이라고 입력하여도 됩니다.

그림 A-2 ● 명령 프롬프트에서 Java 버전 확인

Java를 새로 설치하려면 아래 주소의 Java 홈페이지에서 무료로 받으실 수 있습니다.

http://java.com/ko/

그림 A-3 ● Java 다운로드

PyCharm 3 소개

B.1   PyCharm 3

PyCharm은 체코의 JetBrains라는 회사에서 만든, 파이썬을 위한 통합 개발 환경입니다. 코드 분석과 그래픽 환경의 디버거, 버전 컨트롤 시스템 통합, Django를 사용한 웹 개발 등의 기능을 지원하여 파이썬 개발자들에게 사랑 받고 있습니다.

2013년 9월, SQLAlchemy와 Pyramid, Web2Py 등에 대한 지원을 보강한 PyCharm 3가 출시되었으며, 이때부터 모든 기능을 갖춘 유료의 Professional Edition과 파이썬 개발에 꼭 필요한 기능을 갖춘 무료의 Community Edition의 두 가지 제품으로 나오게 되었습니다.

B.2   PyCharm Community Edition 다운로드와 설치

웹 브라우저에서 다음 주소의 PyCharm 다운로드 페이지를 방문합니다.

http://www.jetbrains.com/pycharm/download/

Community Edition을 다운로드하여 설치해 보겠습니다.

Download PyCharm

| Windows | Mac OS X | Linux |

See what's new in PyCharm 3.0 »

Version: 3.0   Build: 131.190   Released: September 24, 2013   System requirements   Installation instructions

Professional Edition   Free 30-day trial

— Full-featured IDE for Python & Web development

— Supports Django, Flask, Google App Engine, Pyramid, web2py

— JavaScript, CoffeScript, TypeScript, CSS, Cython, Template languages and more

— Remote development, Databases and SQL support, UML & SQLAlchemy Diagrams

⬇ Download Professional

Community Edition   FREE

— Lightweight IDE for Python development only

— Free, open-source, Apache 2 license

— Intelligent Editor, Debugger, Refactorings, Inspections, VCS integration

— Project Navigation, Testing support, Customizable UI, Vim key bindings

⬇ Download Community

그림 A-4 • PyCharm 다운로드 페이지

설치 방법은 어렵지 않습니다.

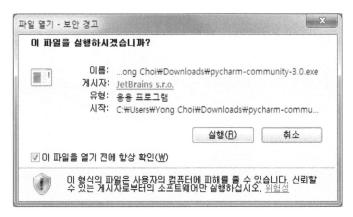

그림 A-5 • PyCharm 설치 프로그램 실행

다운로드한 설치 프로그램을 실행하면 설치 마법사가 시작됩니다.

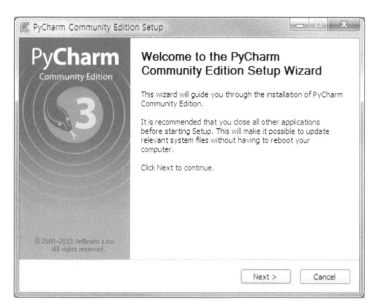

그림 A-6 ● PyCharm 설치 마법사

PyCharm이 설치될 경로를 지정합니다.

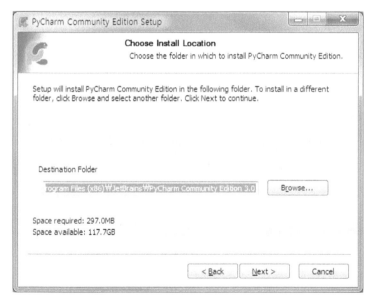

그림 A-7 ● PyCharm 설치 경로 지정

바탕화면에 바로가기를 생성할 것인지 선택합니다.

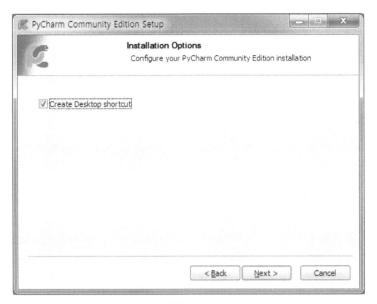

그림 A-8 ● PyCharm 설치 선택 사항

시작 메뉴 폴더를 선택합니다.

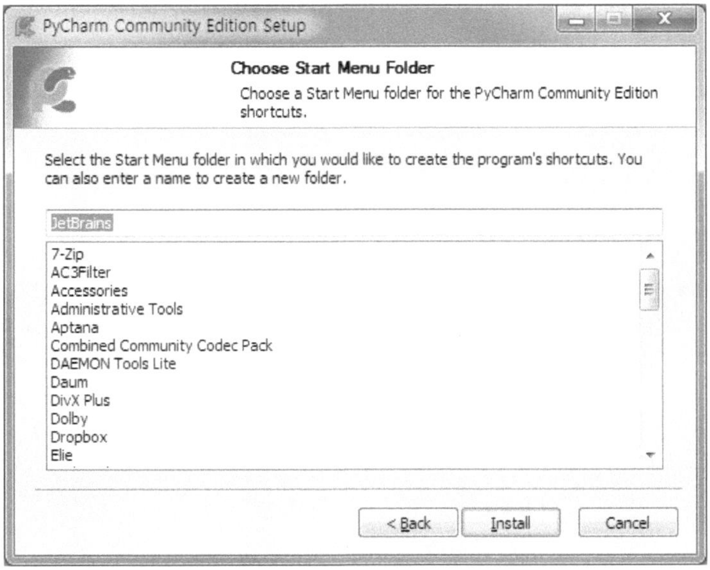

그림 A-9 ● Windows 시작 메뉴의 PyCharm 폴더 설정

파일을 복사하고 있습니다.

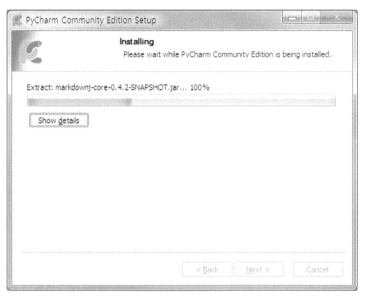

그림 A-10 • PyCharm 설치 진행

설치가 완료되었습니다. 'Run PyCharm Community Edition' 체크박스를 선택하면 설치 프로그램의 실행을 마친 후에 바로 PyCharm이 실행됩니다.

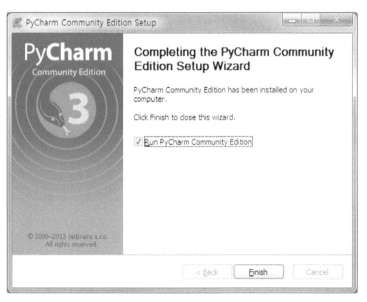

그림 A-11 • PyCharm 설치 완료

B.3 PyCharm 처음 실행하기

PyCharm을 처음 실행하면 아직 설정이 되어 있지 않은 상태이기 때문에 그림과 같은 창이 뜹니다. 아래쪽의 보기를 선택합니다.

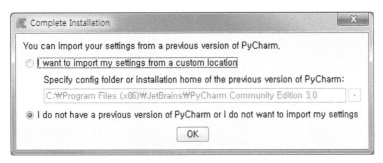

그림 A-12 ● 이전 버전의 PyCharm 설정을 가져올 것인지 선택

다음 그림과 같은 초기 설정 창에서 환경 설정을 할 수 있습니다.

Keymap scheme은 편집기의 단축키 설정으로, IntelliJ IDEA Classic이 기본값입니다. 이맥스, 비주얼 스튜디오, 이클립스, 넷빈 등의 단축키 배열과 동일하게 설정할 수 있으므로, 손에 익은 환경을 선택하면 됩니다.

IDE theme은 전반적인 색상과 질감을 지정합니다.

Editor colors and fonts에서는 편집기의 글자색과 기울임꼴, 배경색 등을 선택할 수 있으며, Click to preview/Click to hide preview를 클릭하여 미리보기를 지정 및 해제할 수 있습니다.

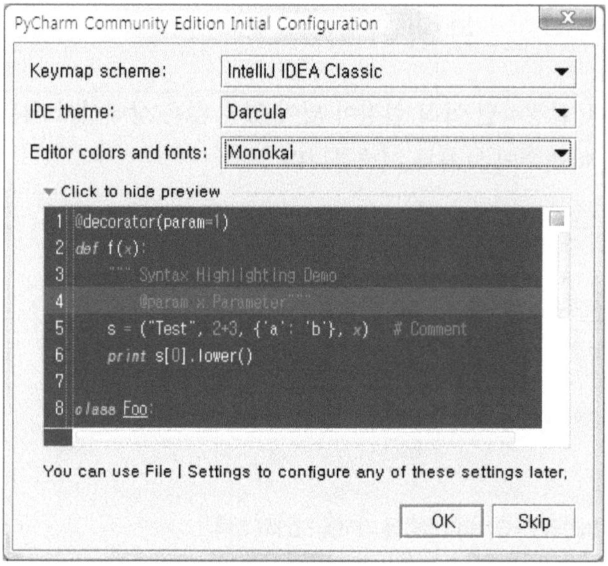

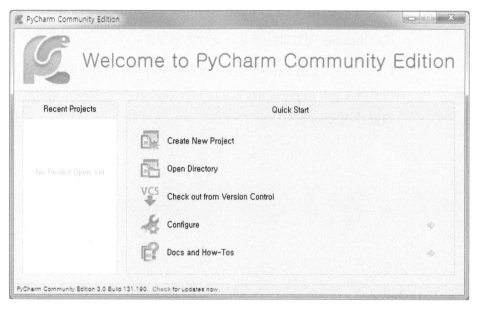

그림 A-13 • PyCharm 초기 설정

이러한 설정 값들은 나중에 File → Settings 메뉴를 선택하여 IDE Settings의 해당 항목에서 변경할 수 있습니다.

그림 A-14 • PyCharm Welcome Screen

Welcome Screen에서 Docs and How-Tos를 선택해 봅니다. [그림 A-15]와 같은 도움말을 볼 수 있습니다.

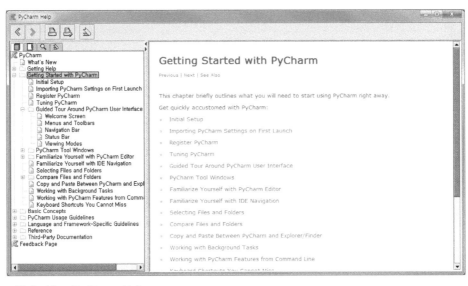

그림 A-15 ● PyCharm Help

B.4 새 프로젝트 만들기

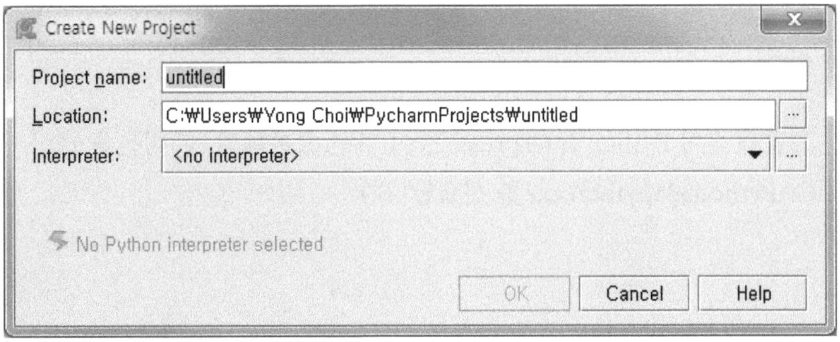

그림 A-16 ● PyCharm에서 새 프로젝트 생성

아직 Python 인터프리터를 선택하지 않았기 때문에 프로젝트를 생성할 수 없는 상태입니다. Interpreter 입력란 옆의 '...' 버튼을 클릭합니다.

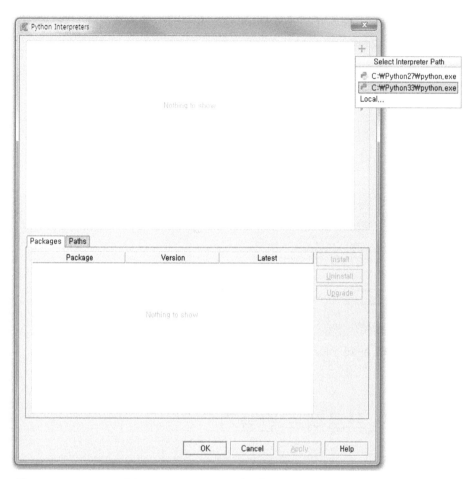

그림 A-17 ● PyCharm에서 Python Interpreter 경로 추가

그림과 같이 Python Interpreter 창이 뜨면 오른쪽의 '+' 버튼을 클릭하고,
C:\Python33\python.exe를 선택합니다.

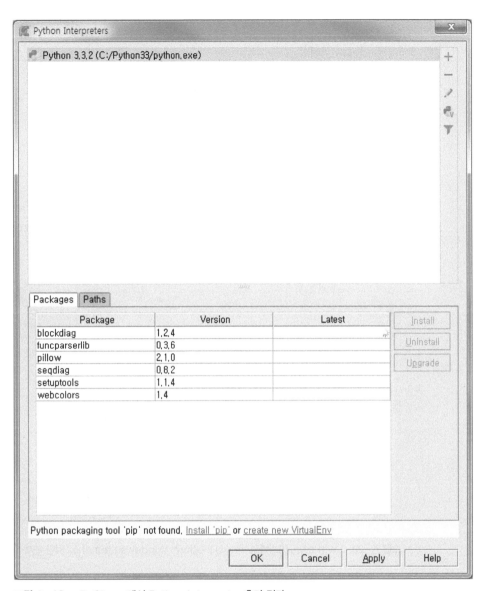

그림 A-18 ● PyCharm에서 Python Interpreter 추가 결과

이제 인터프리터를 선택하였으므로 OK 버튼을 클릭하여 프로젝트 생성을 마무리합
니다.

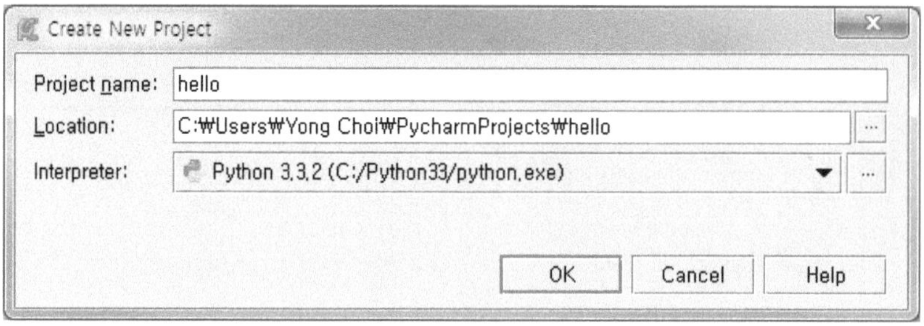

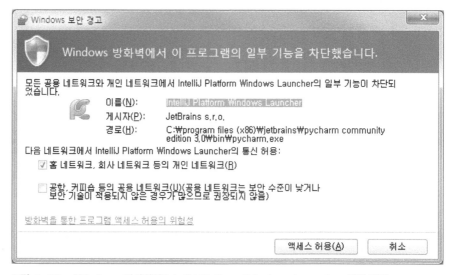

그림 A-19 • PyCharm에서 hello 프로젝트 생성

그림과 같이 Windows 방화벽이 IntelliJ Platform Windows Launcher를 차단하였다는 메시지가 나타날 수 있습니다. '액세스 허용(윈도우 7)' 또는 '차단 해제(윈도우 비스타)'를 선택하고 진행합니다.

그림 A-20 • Windows 방화벽의 IntelliJ Platform Windows Launcher 차단 해제

hello 프로젝트가 생성되었습니다.

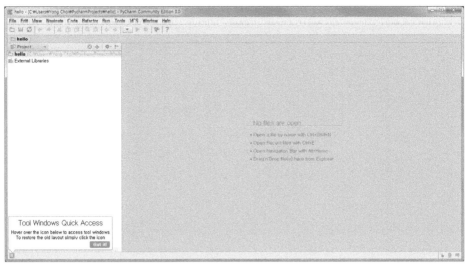

그림 A-21 ● PyCharm에서 생성한 hello 프로젝트

B.5 파일 생성 및 편집하기

아직 프로젝트가 비어 있습니다. hello.py 파일을 생성해 보도록 하겠습니다. 메뉴에서 File → New를 선택하고 팝업에서 File을 선택합니다.

그림 A-22 ● PyCharm에서 새 파일 만들기

파일 이름으로 hello.py를 입력하고 OK 버튼을 클릭합니다.

오른쪽의 편집 영역에 print('Hello')를 입력해 보겠습니다. pr까지만 입력하고 잠시 기다리면, 그림과 같이 코드 작성을 돕는 팝업이 뜨는 것을 볼 수 있습니다.

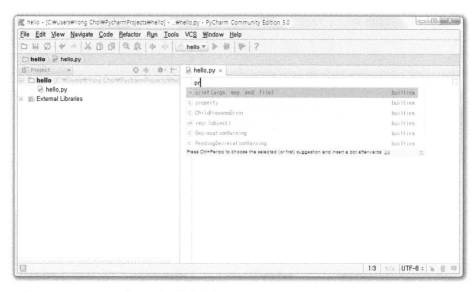

그림 A-23 ● PyCharm의 코드 자동 완성 팝업

키보드의 위, 아래 방향 키로 이동할 수 있으며, 〈Enter〉 키를 누르면 나머지 부분이 자동으로 채워집니다.

괄호 내에 인자를 입력하지 않고 잠시 기다리면 그림과 같이 툴팁(tooltip)이 나타납니다.

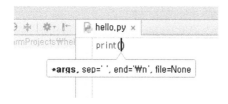

그림 A-24 ● 툴팁

괄호 안에 따옴표와 Hello를 입력해 봅니다. 따옴표를 여닫기 위해 두 개가 필요하지만 한 개만 입력하면 자동으로 닫는 따옴표까지 입력되므로 코드를 편리하게 작성할 수 있습니다.

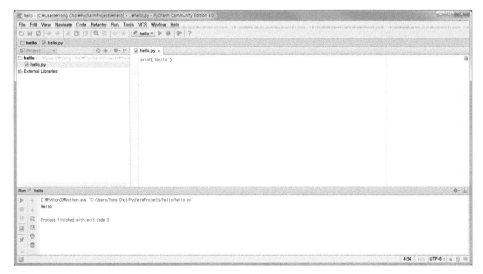

그림 A-25 ● PyCharm에서 hello.py 실행

오른쪽의 편집기에서 코드를 작성하고, 메뉴에서 Run → Run을 선택한 다음, 팝업에서 hello를 선택하여 실행해 봅니다.

[그림 A-25]와 같이 아래쪽 영역에 실행 결과가 표시되는 것을 볼 수 있습니다.

python™